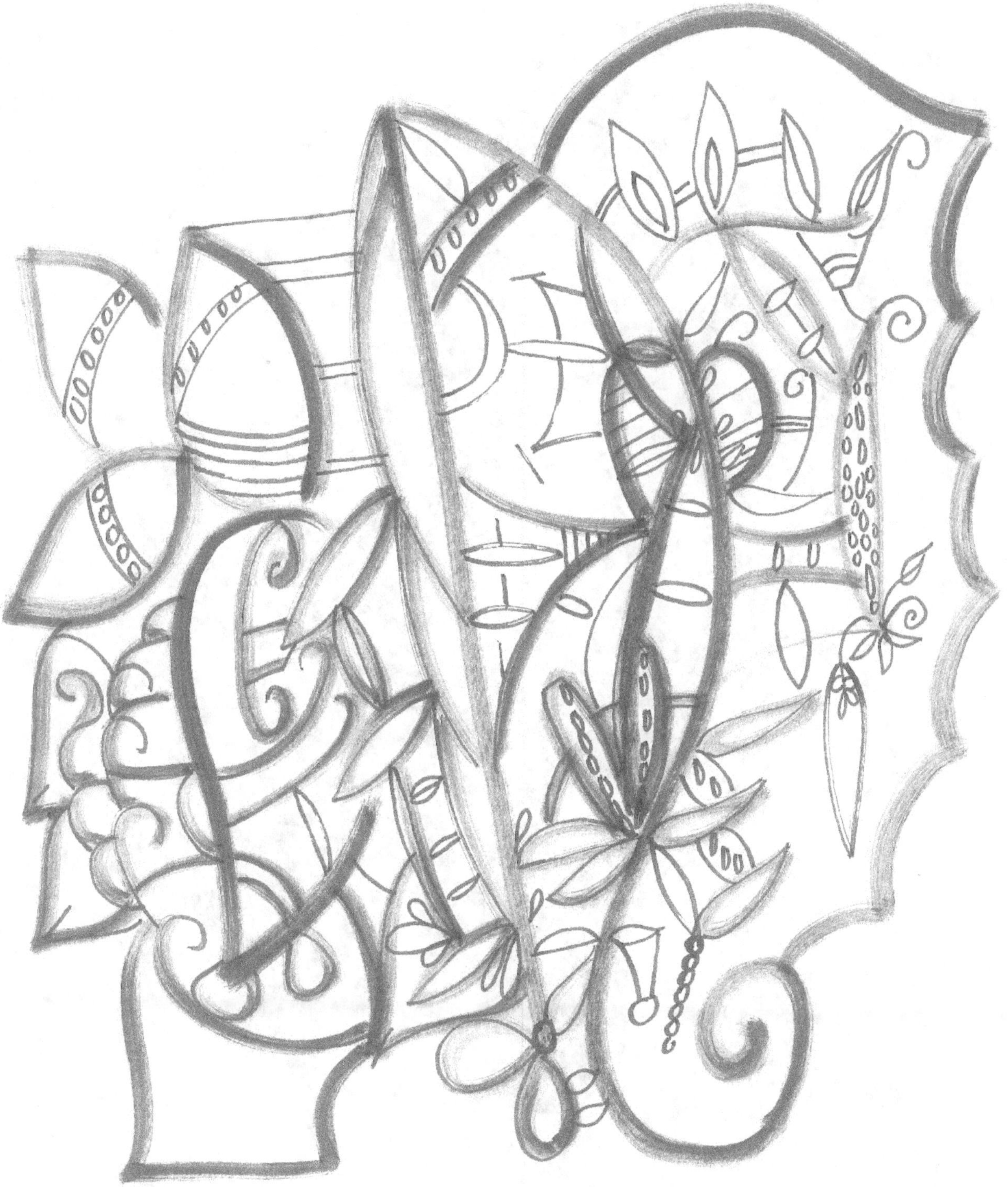

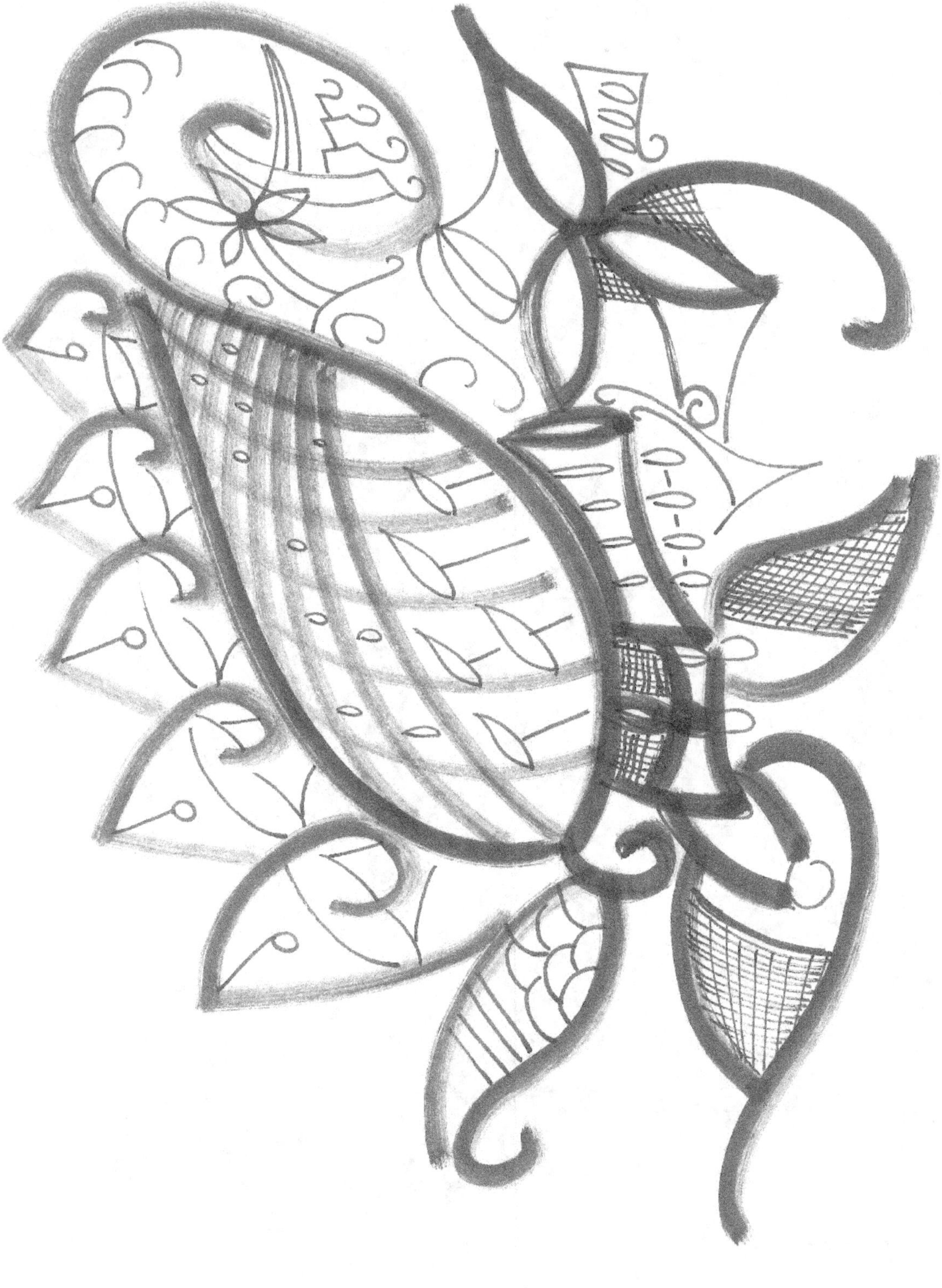

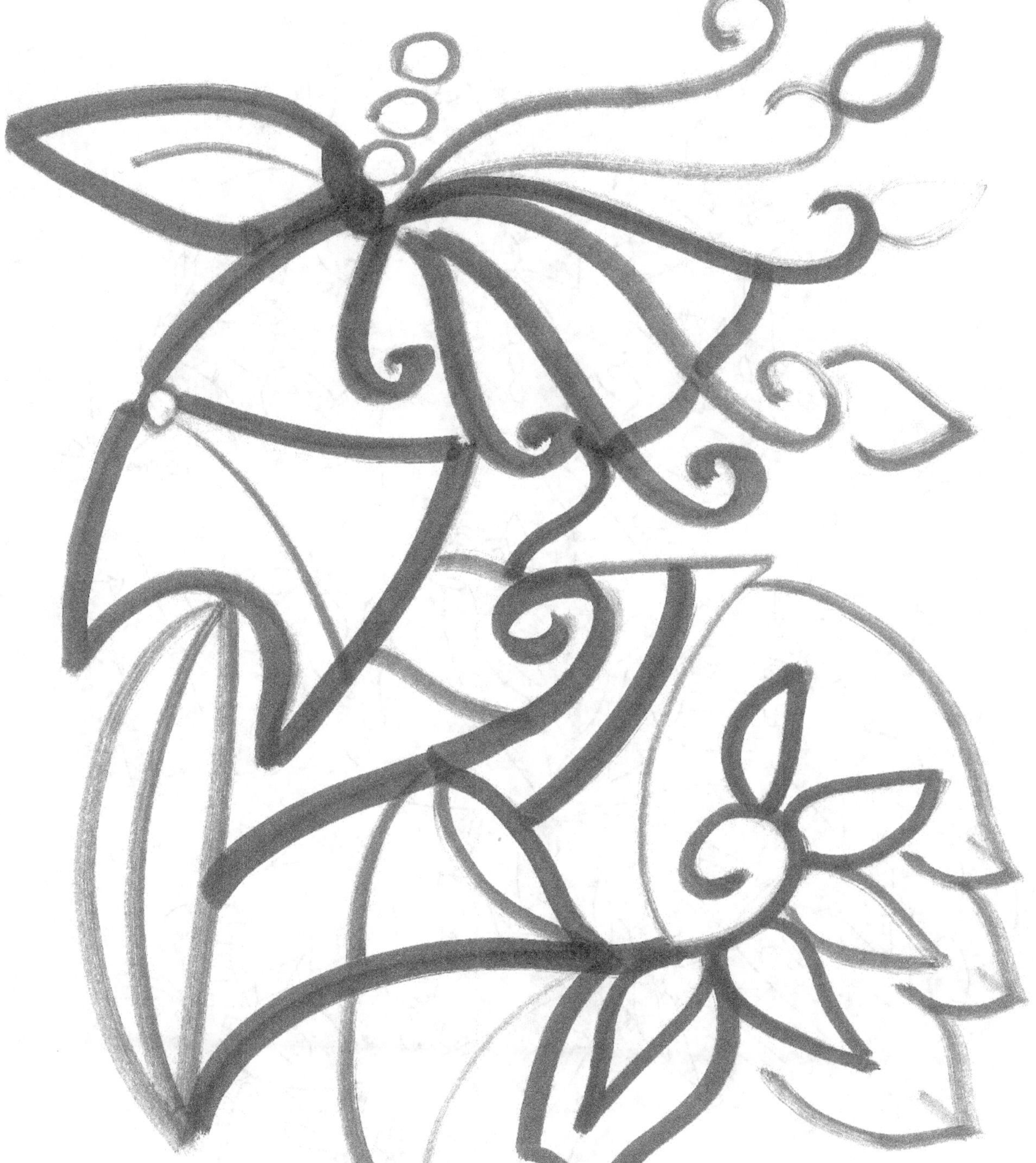

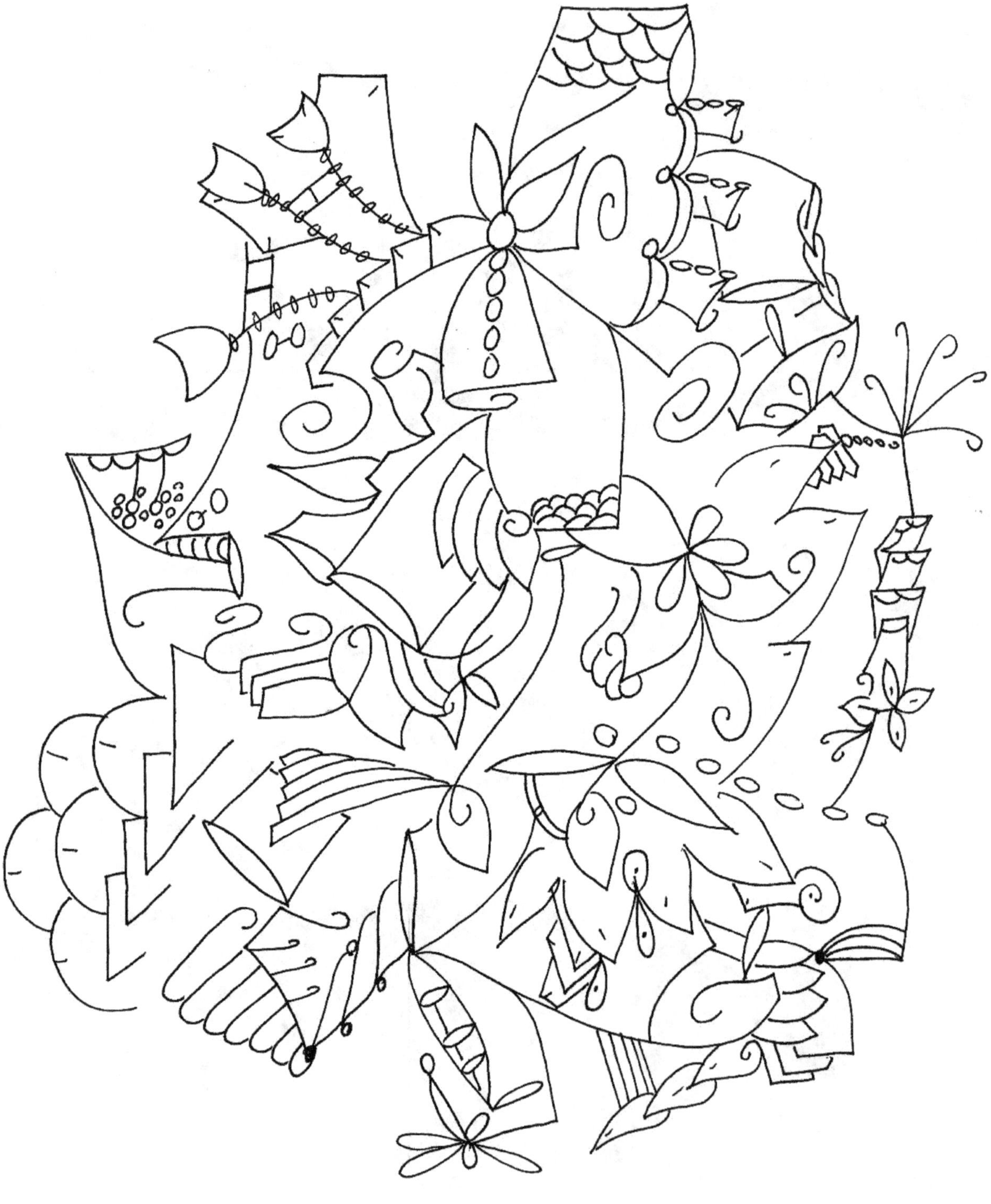

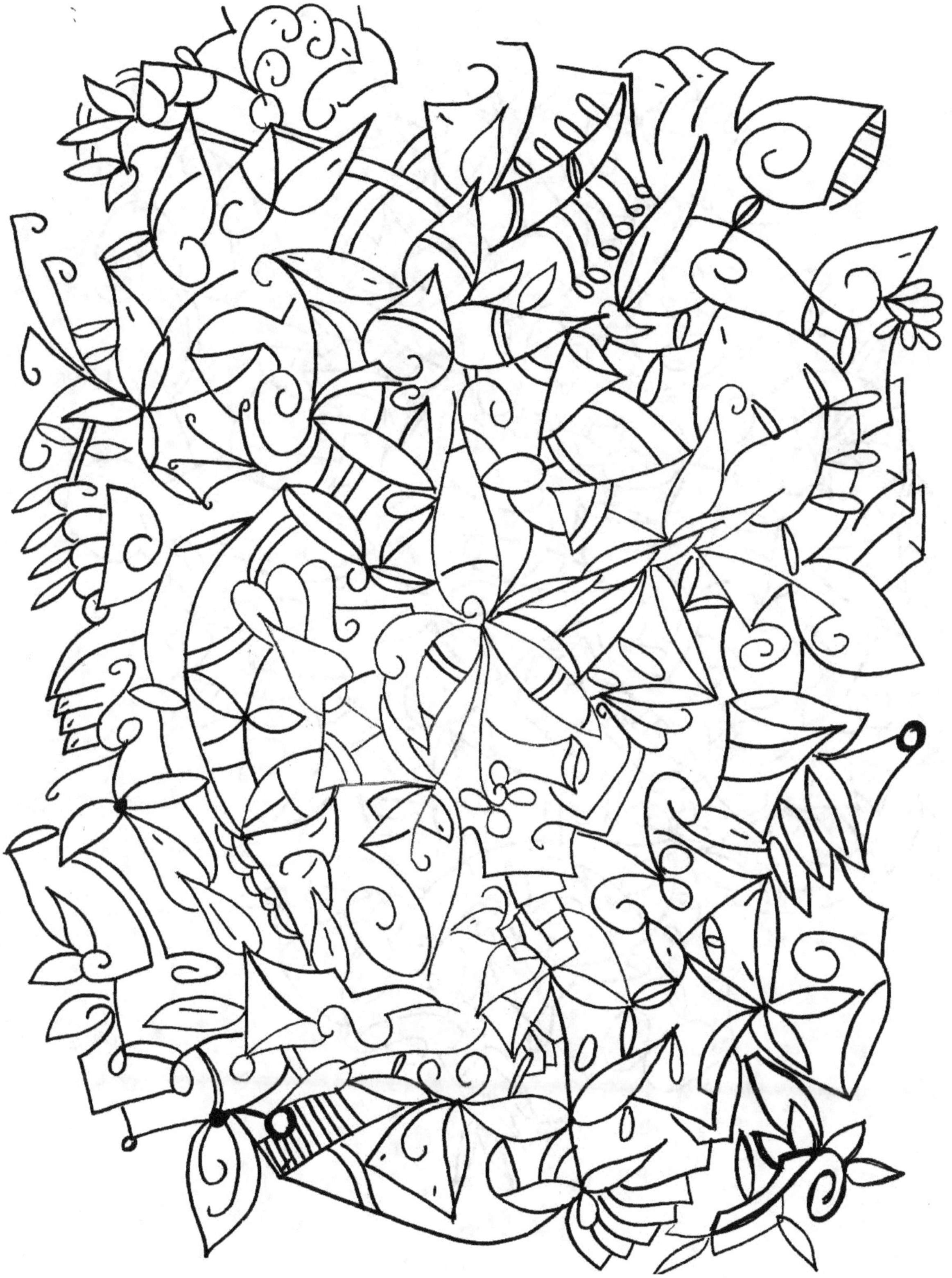

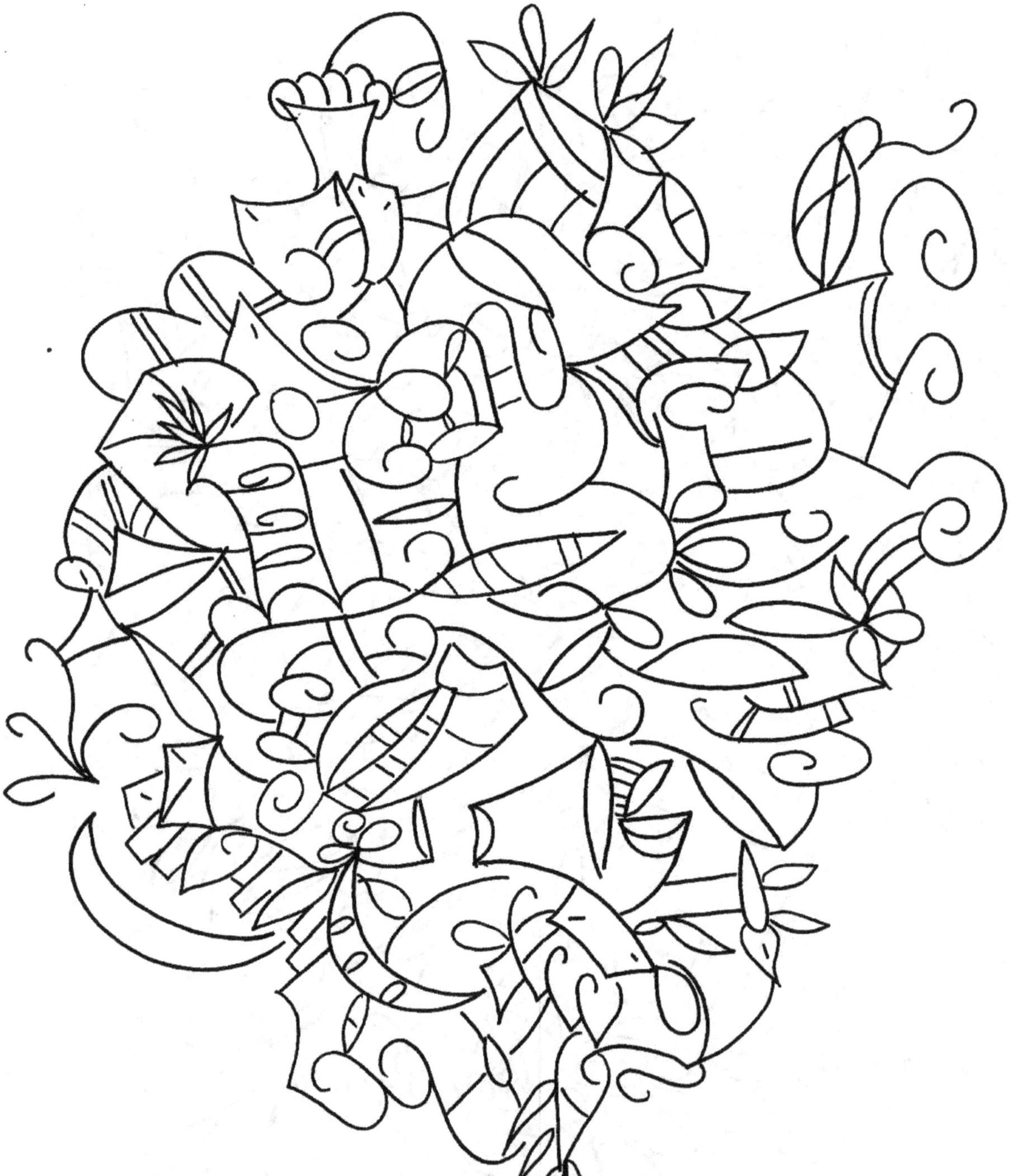

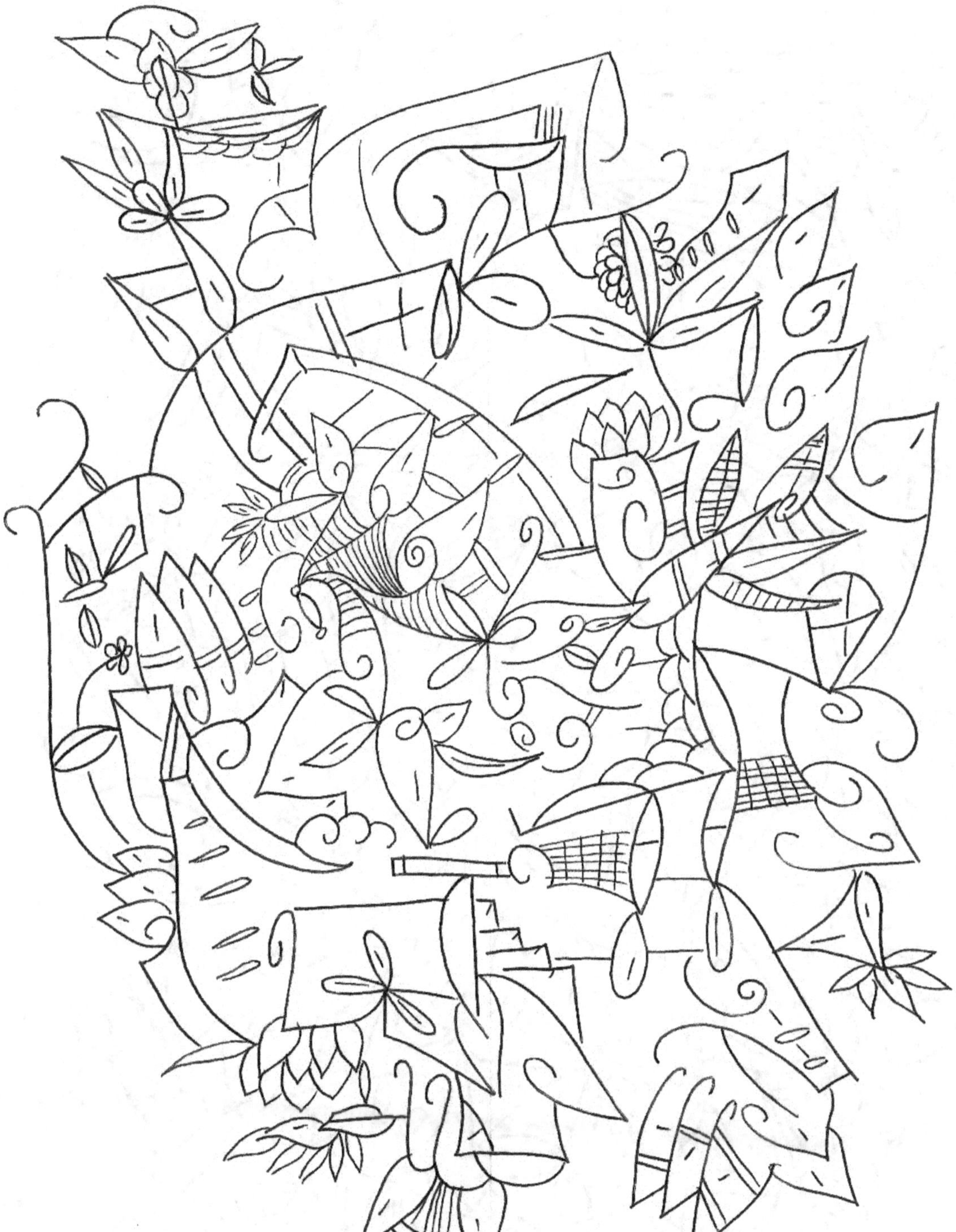

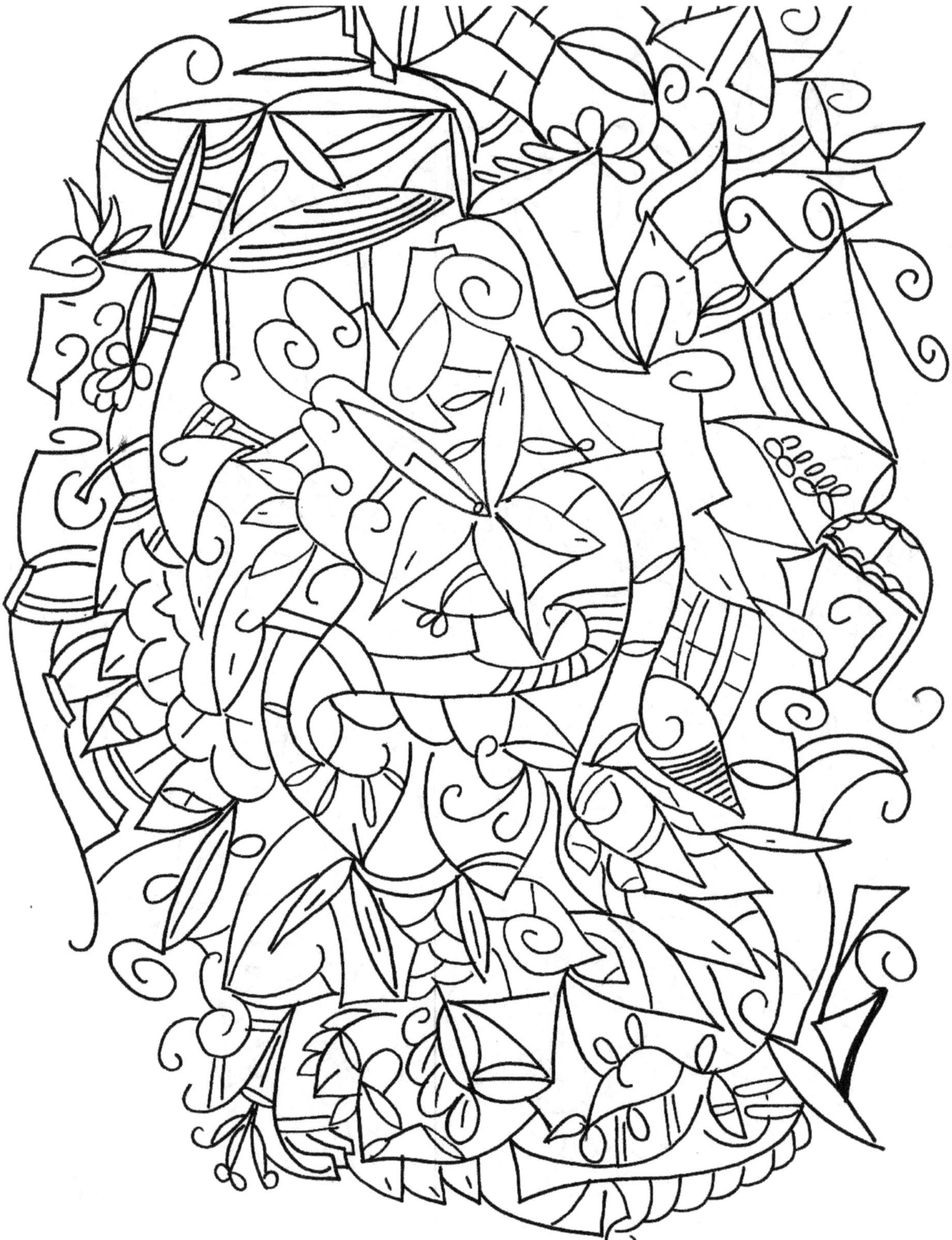

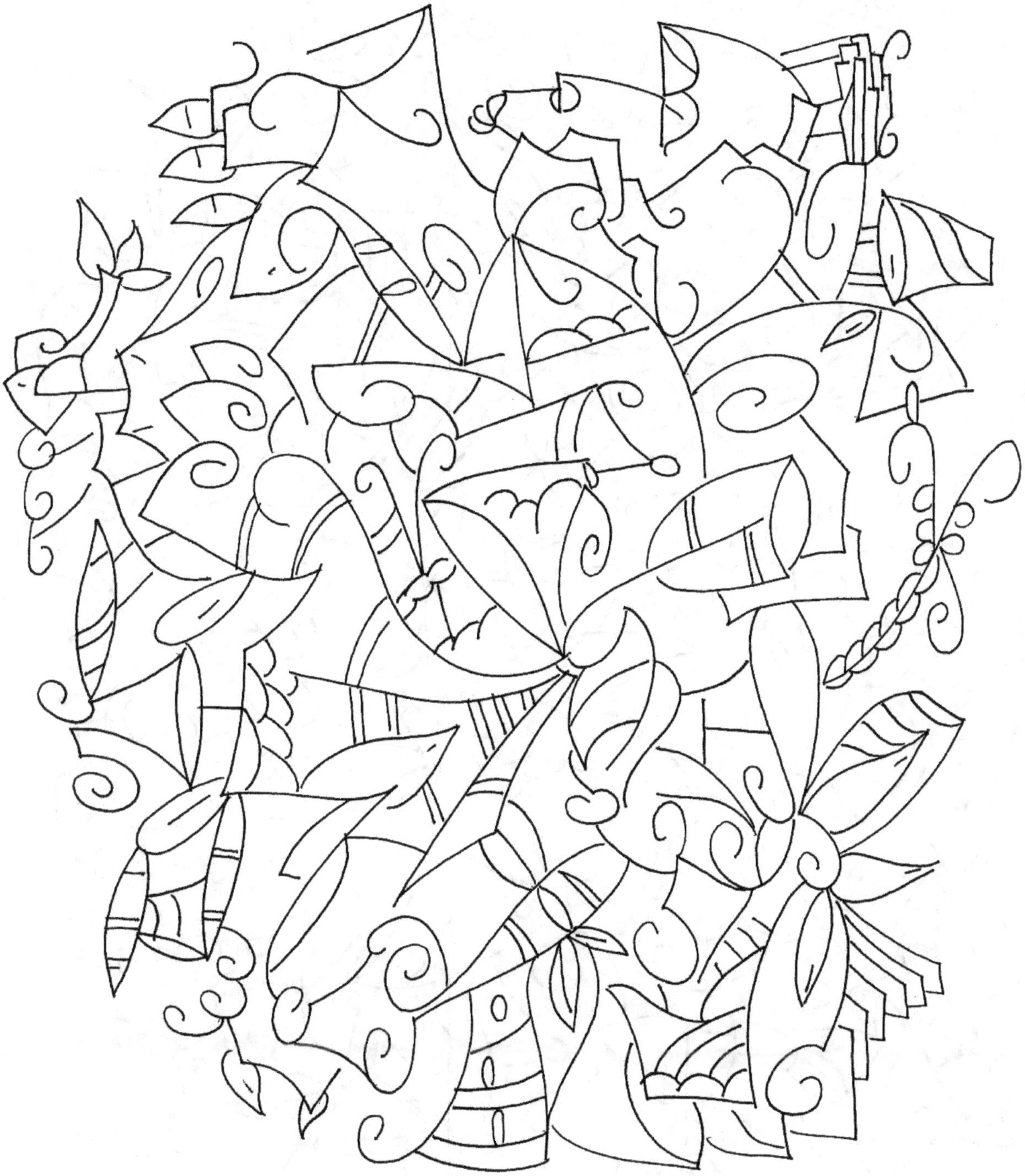

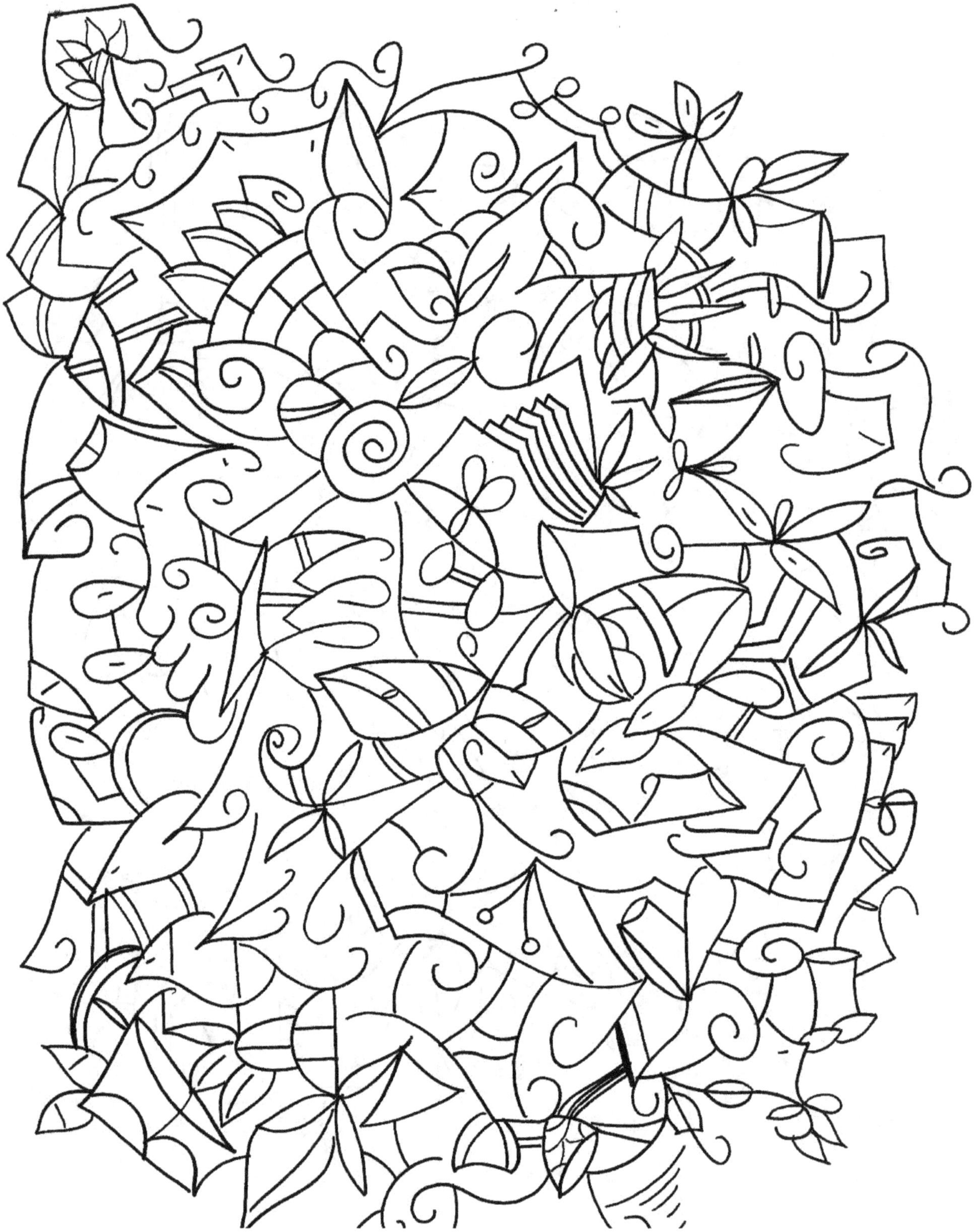

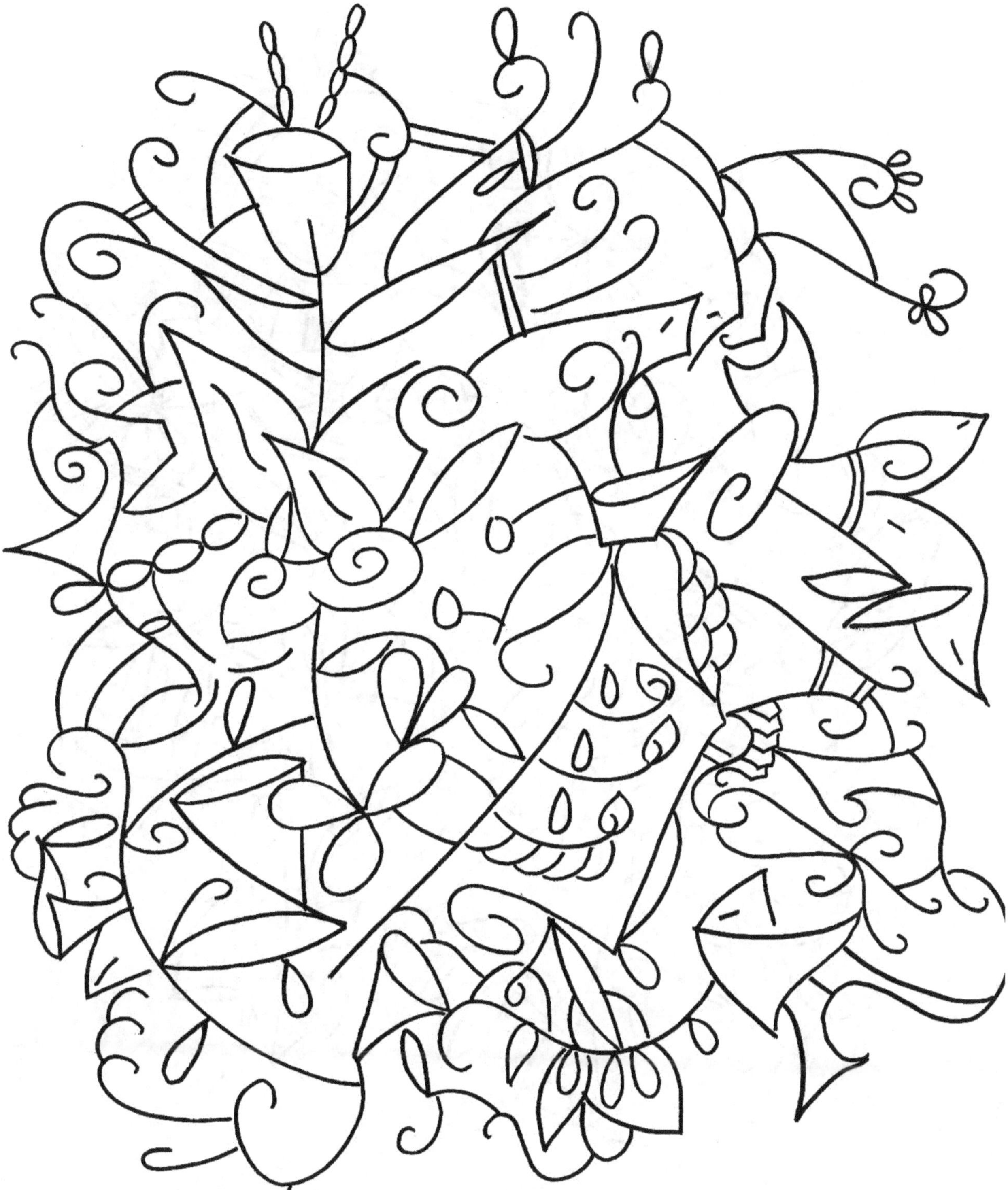

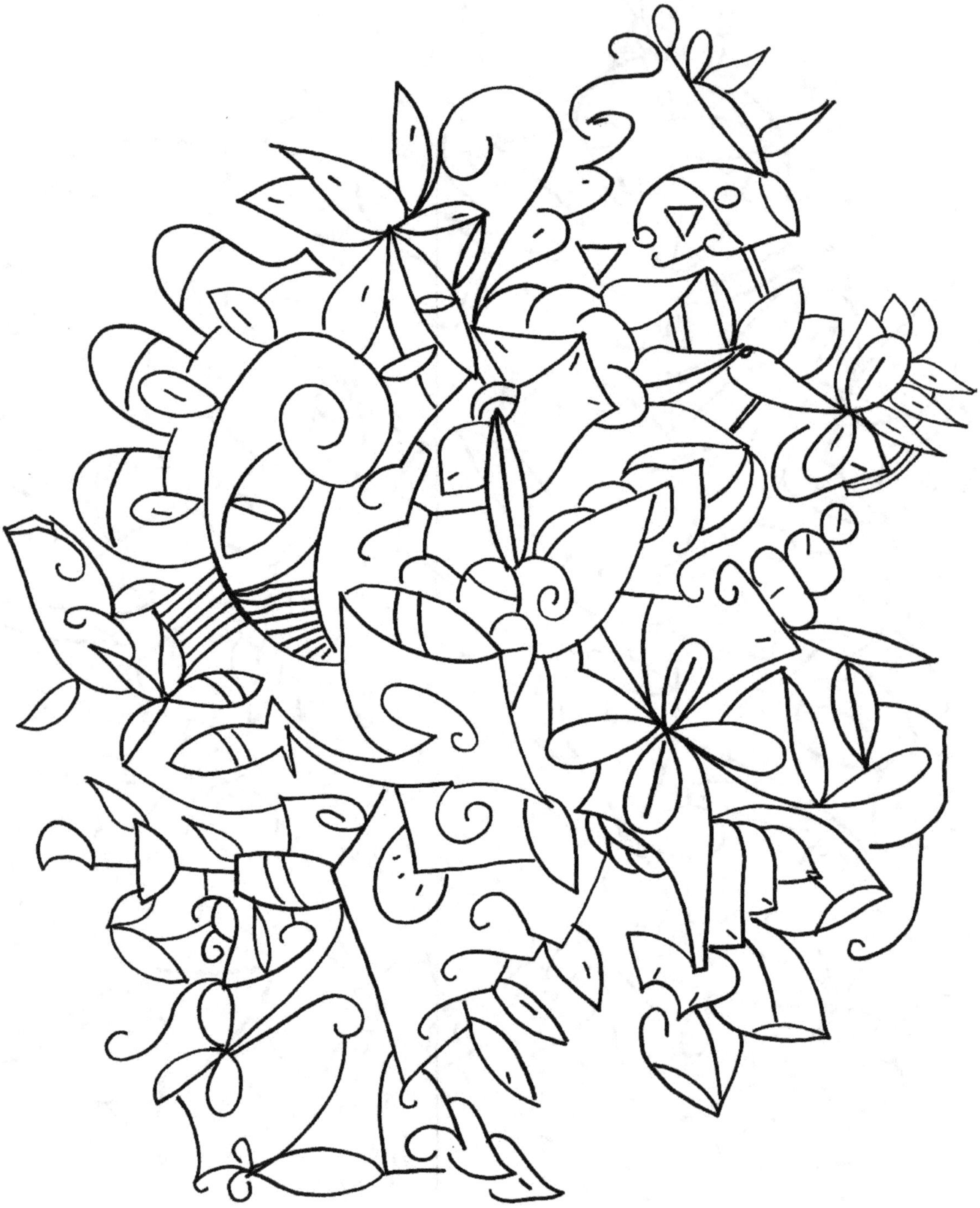

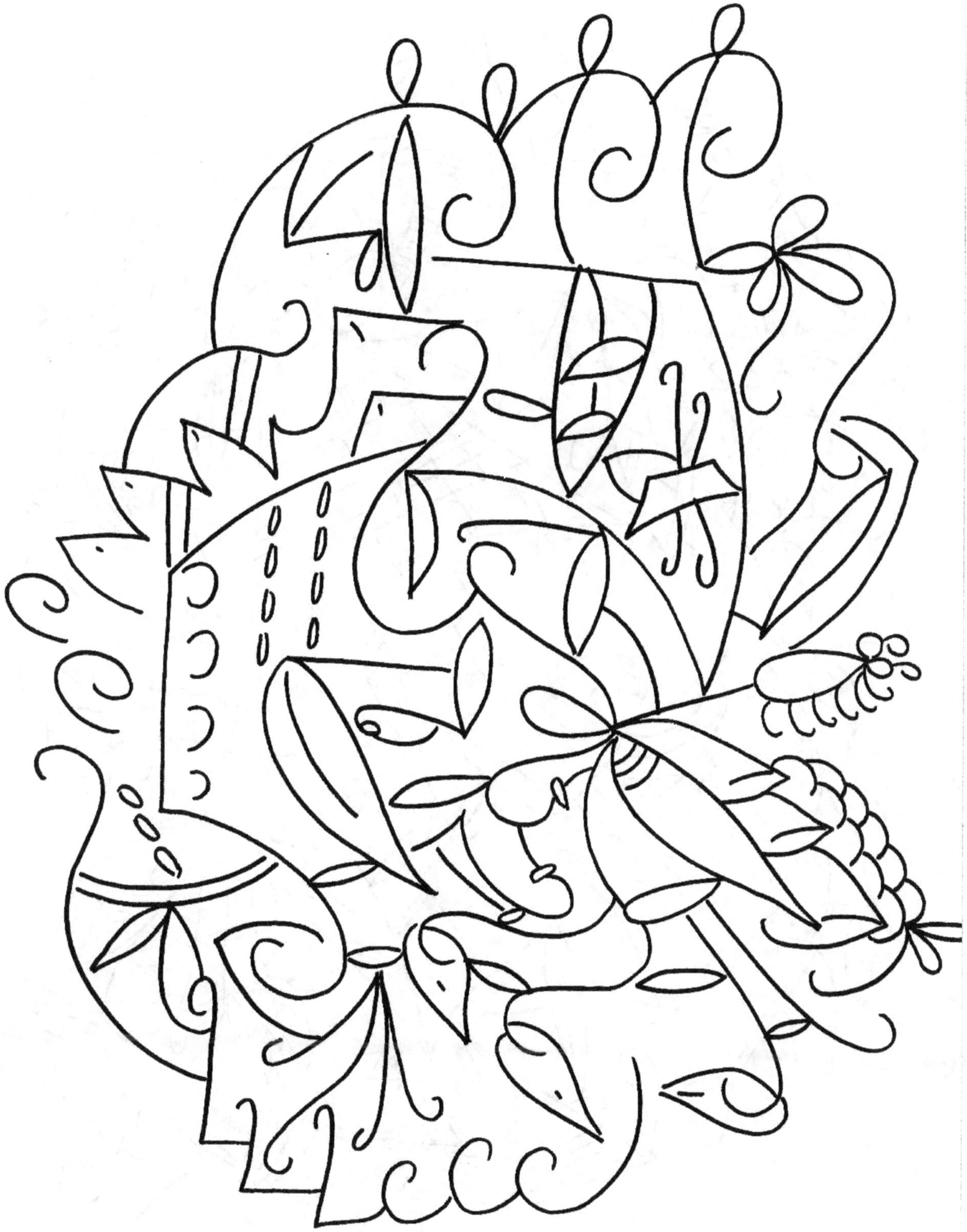

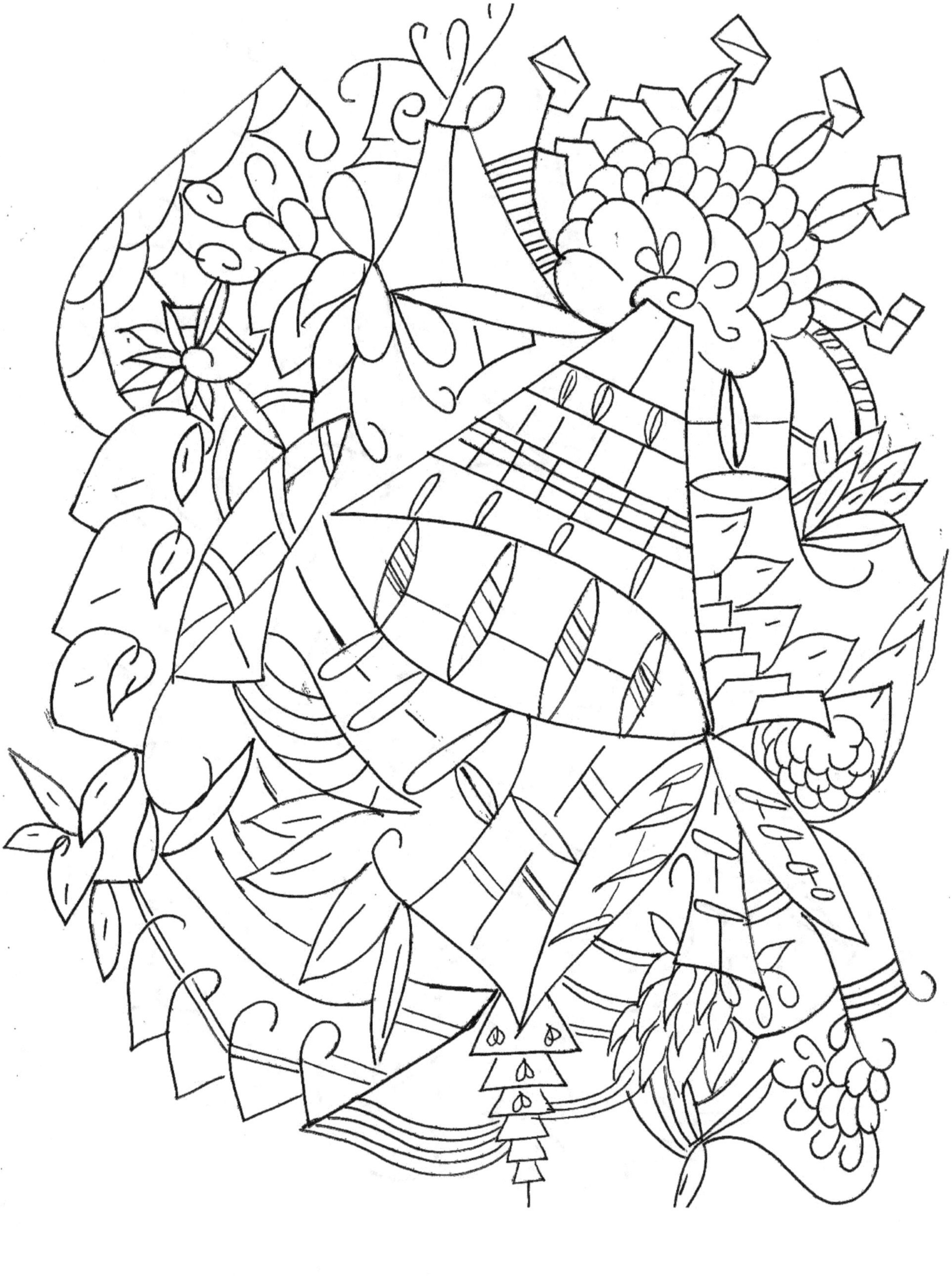

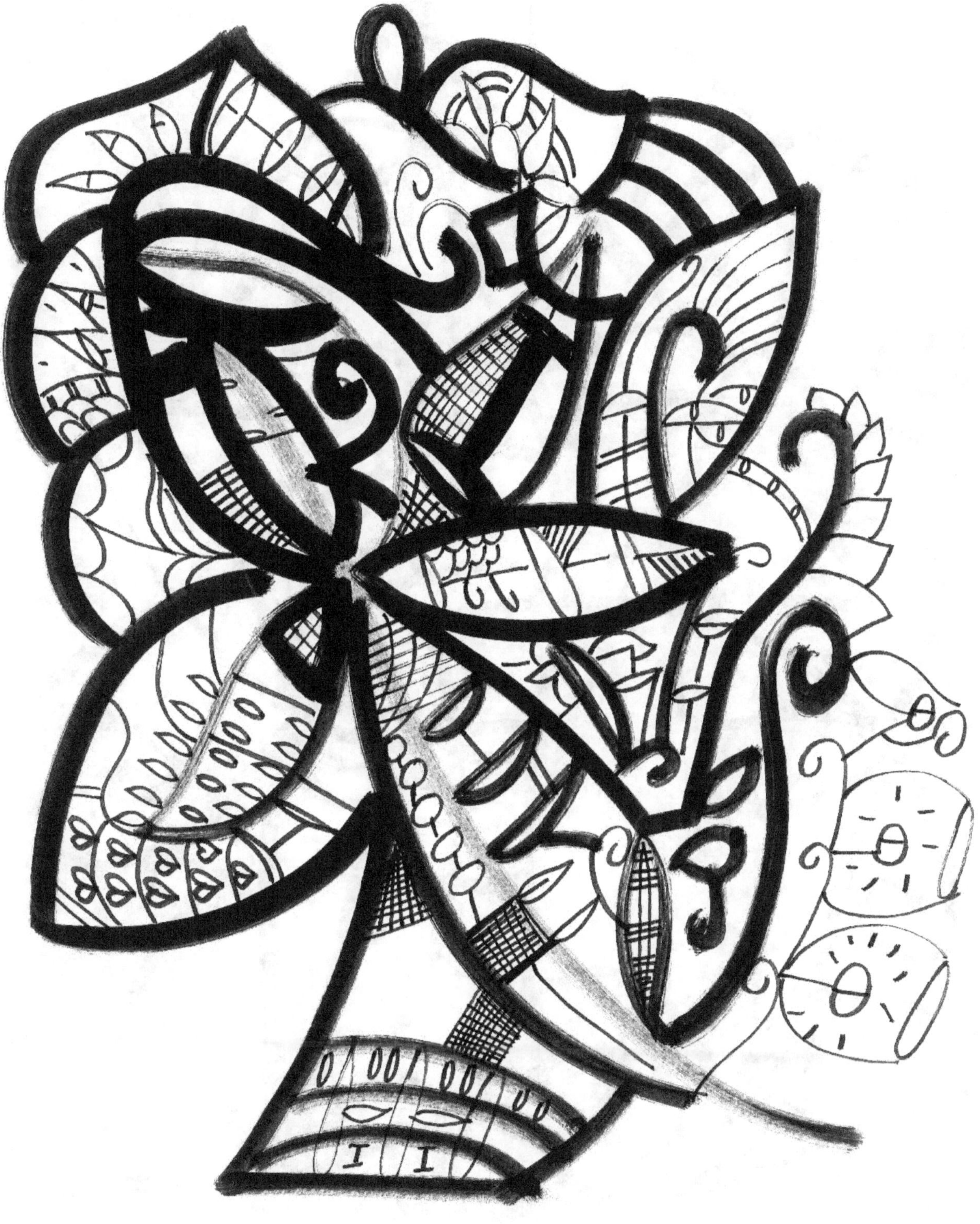

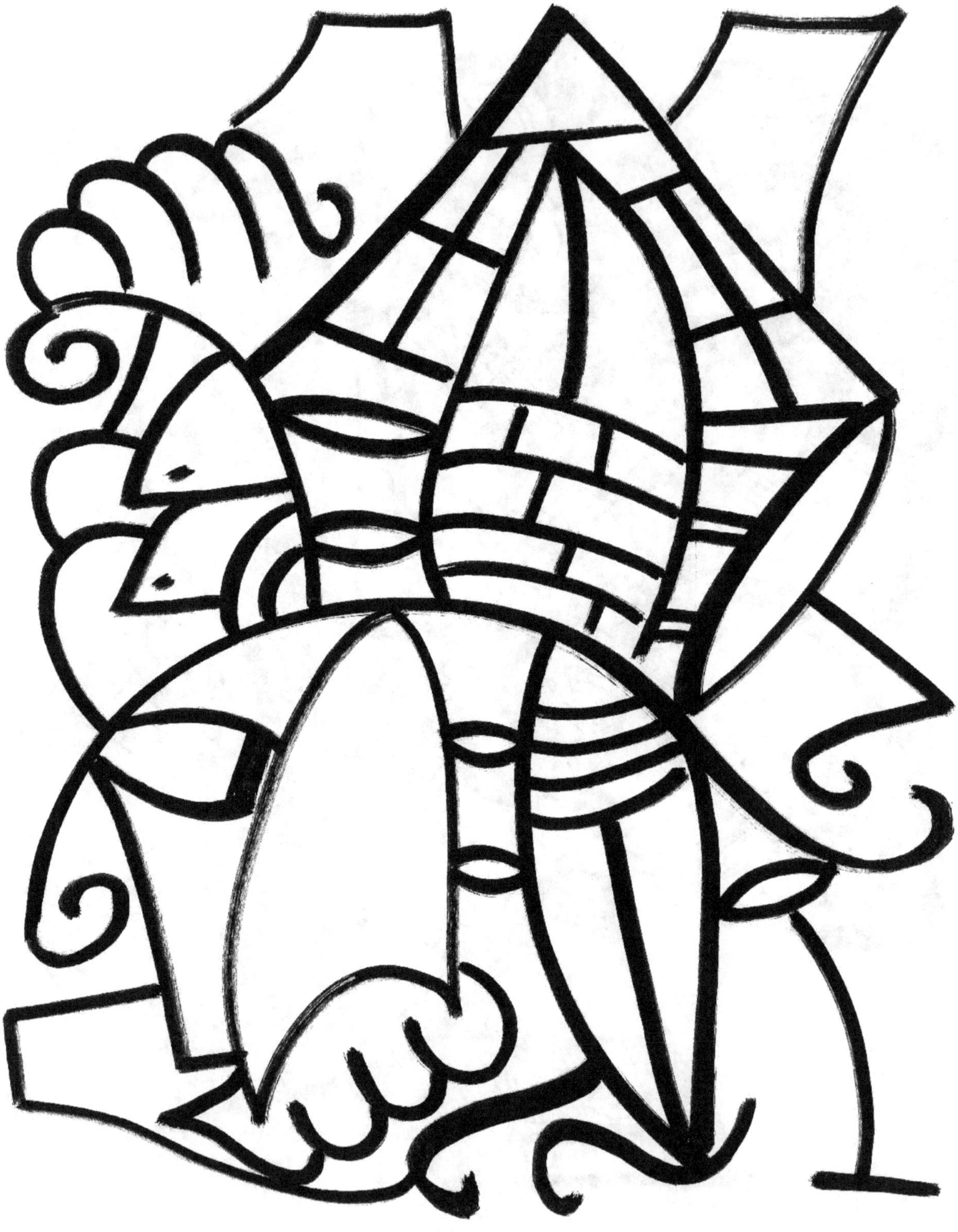

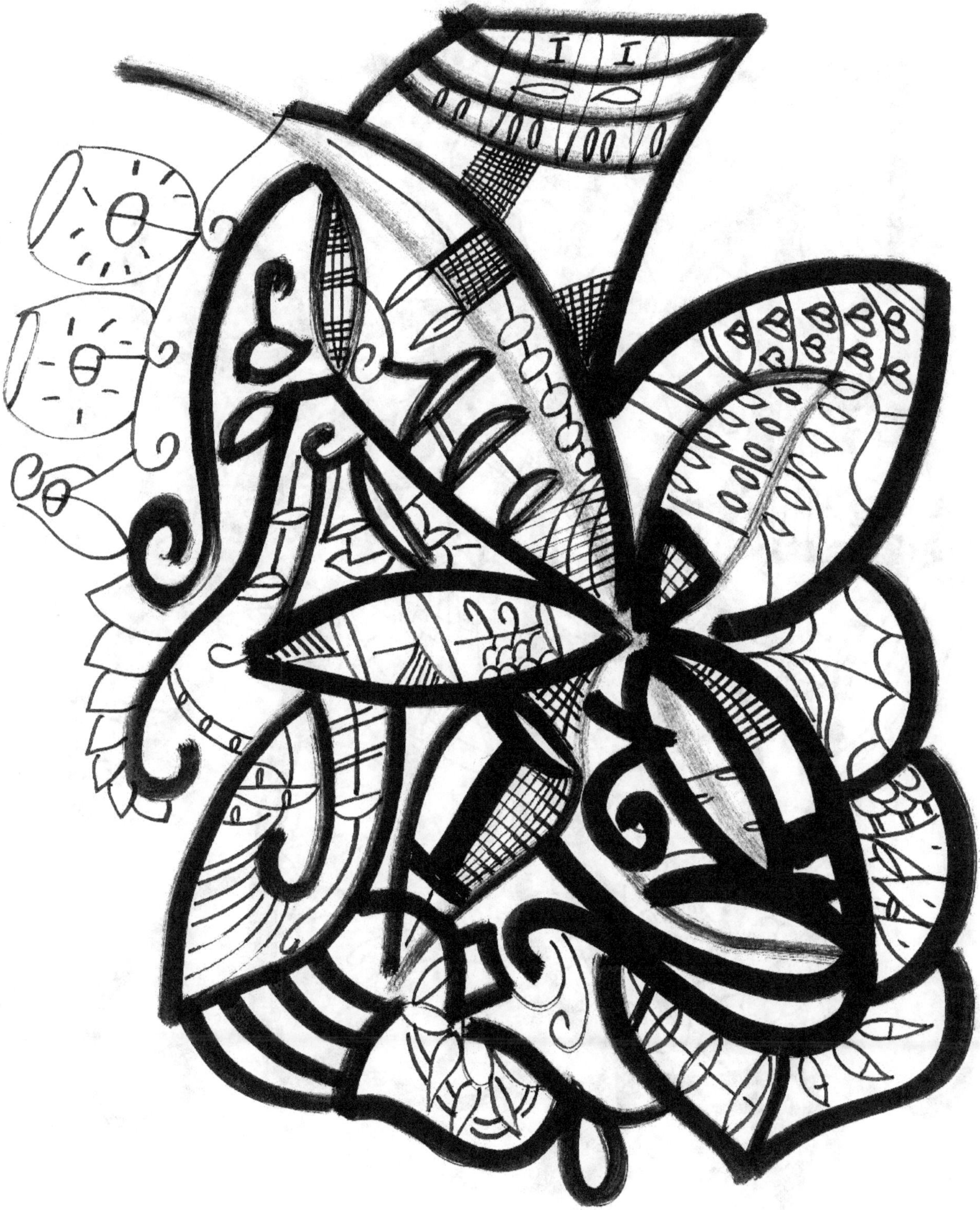

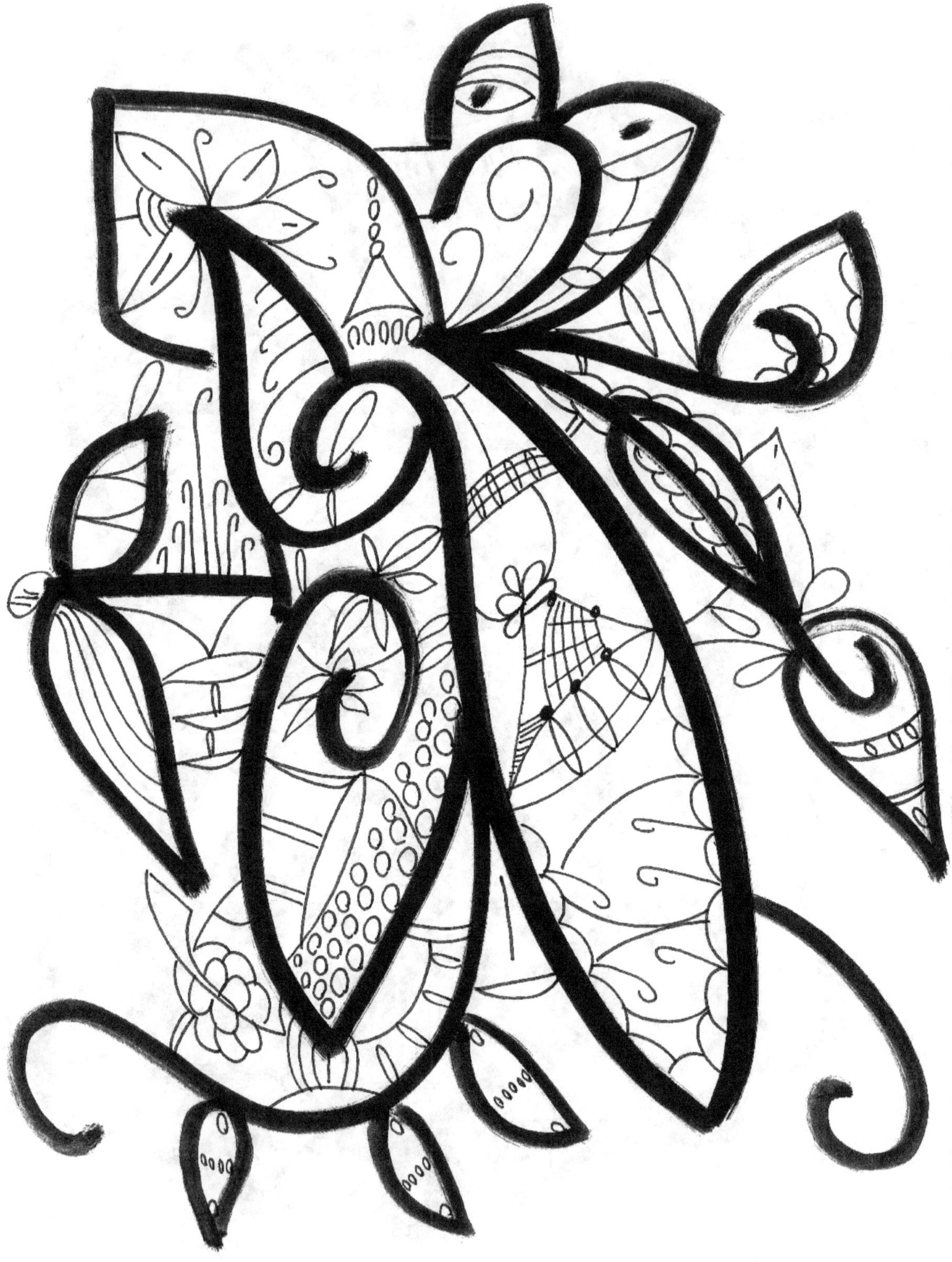

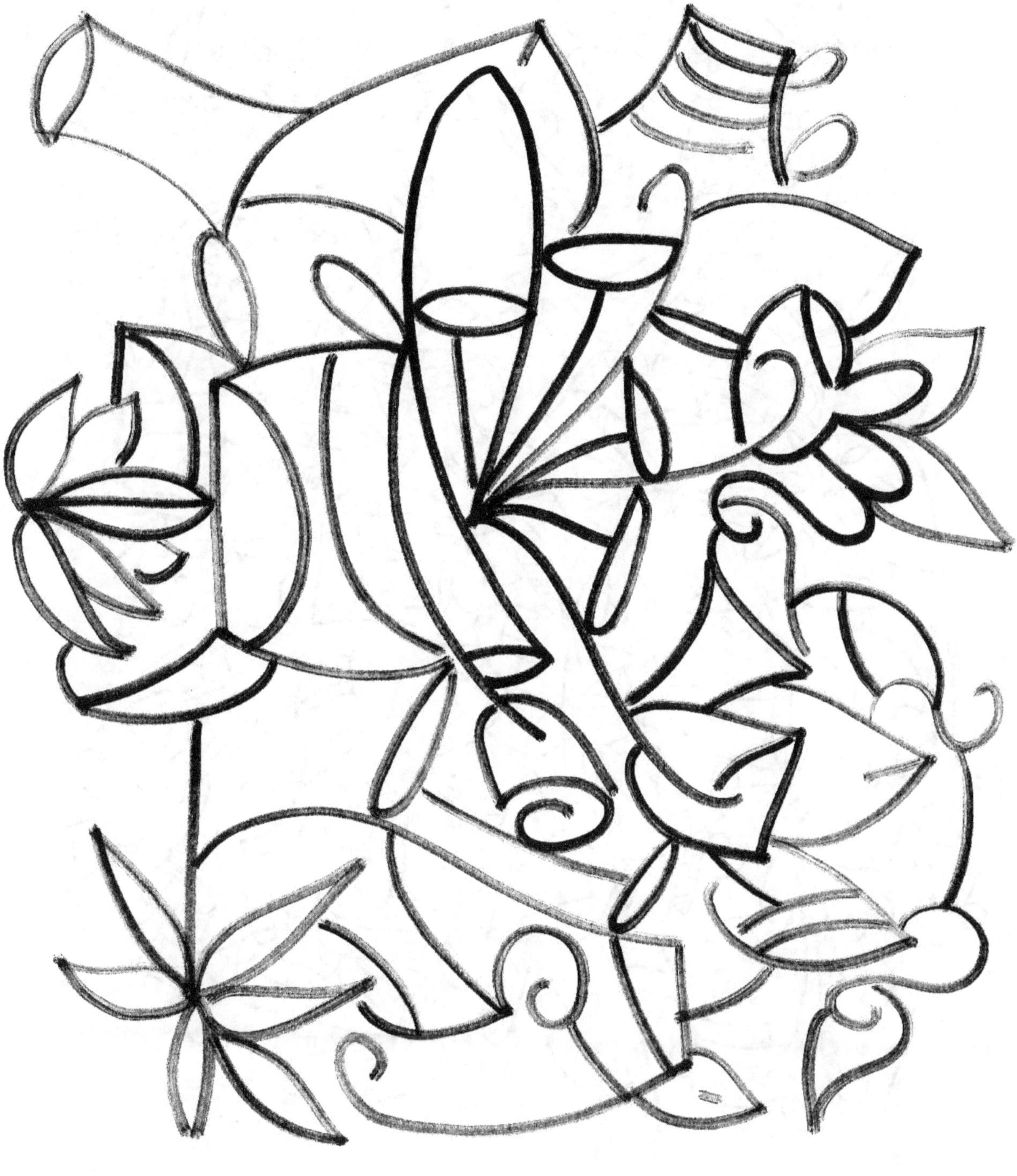

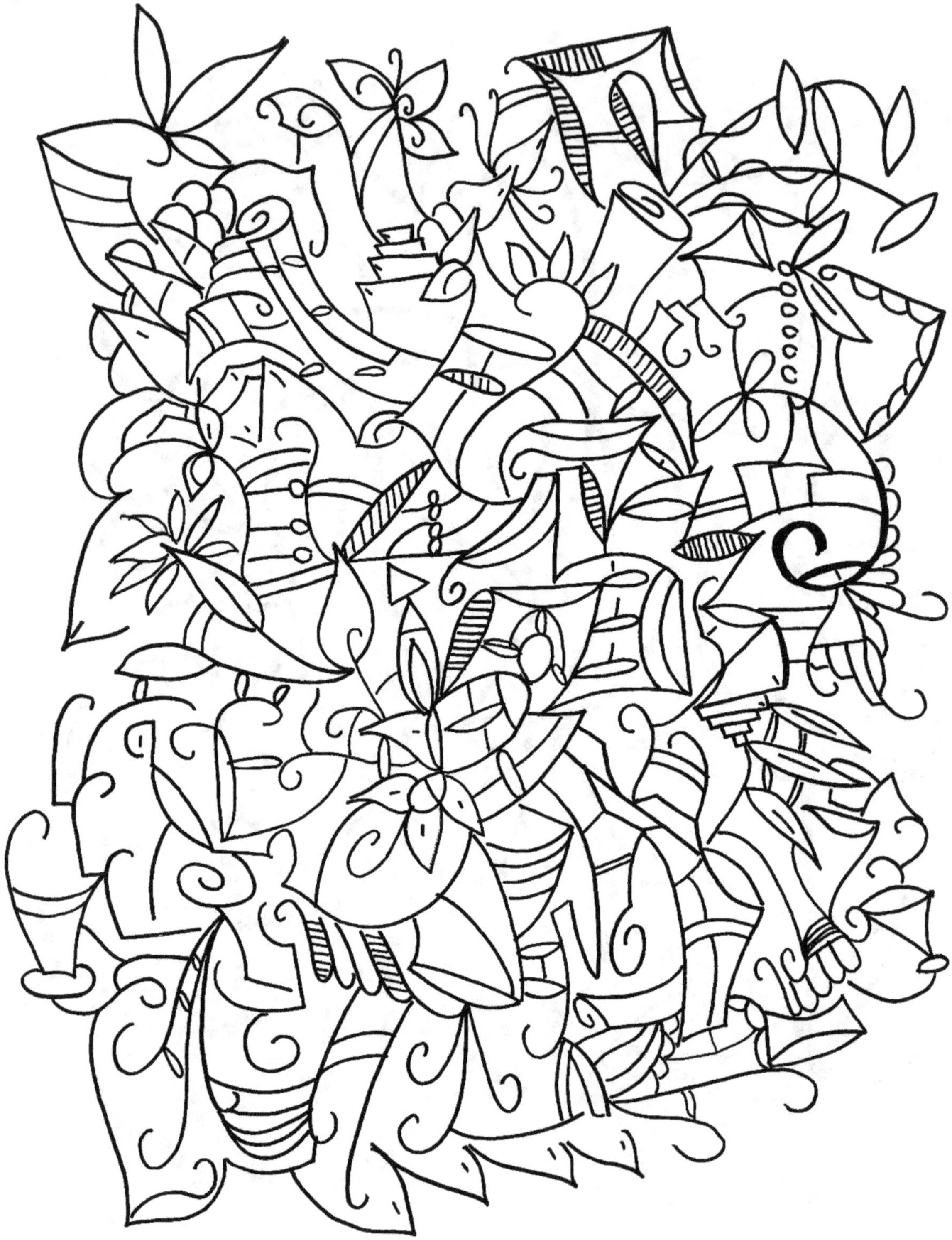

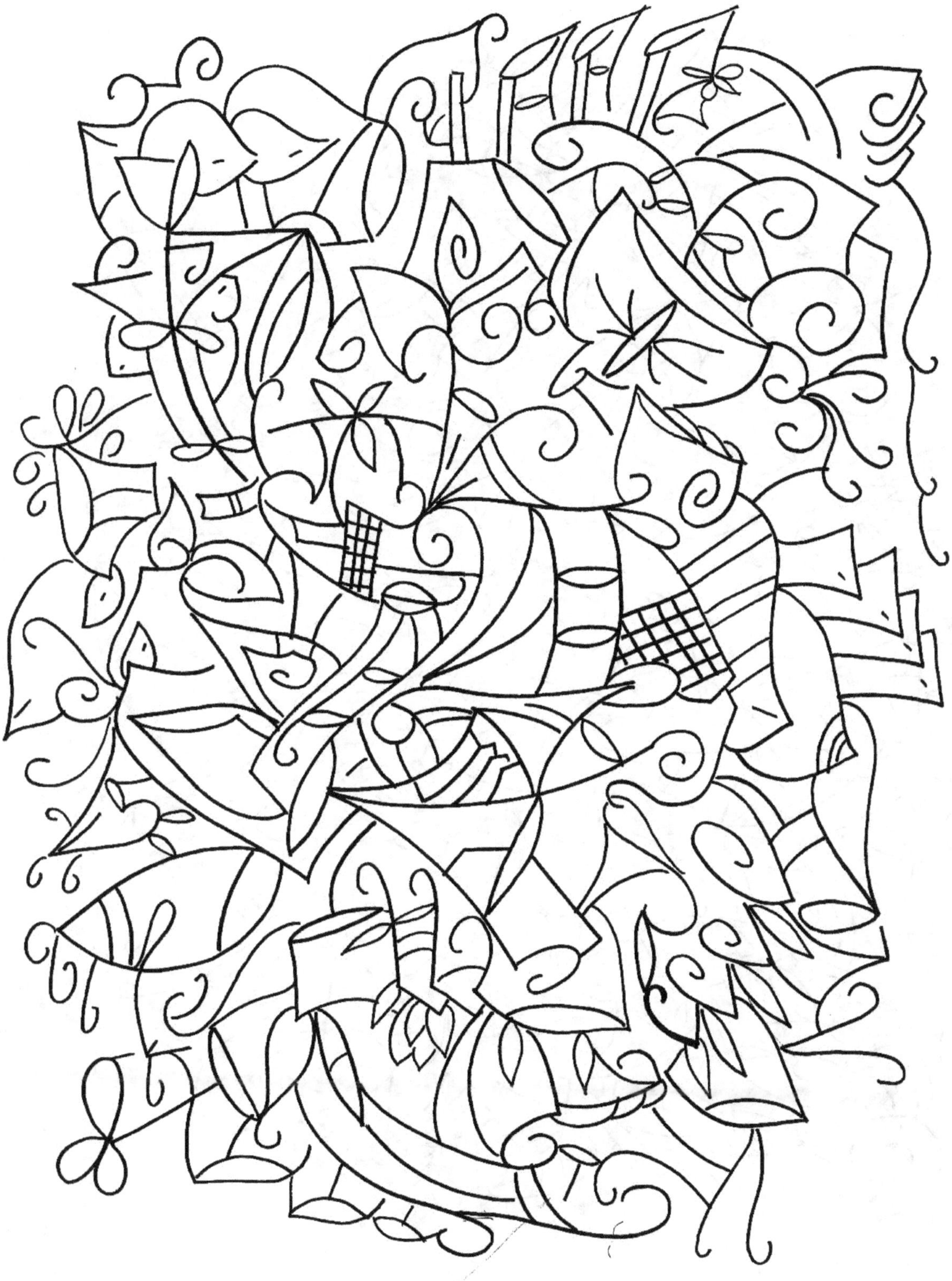

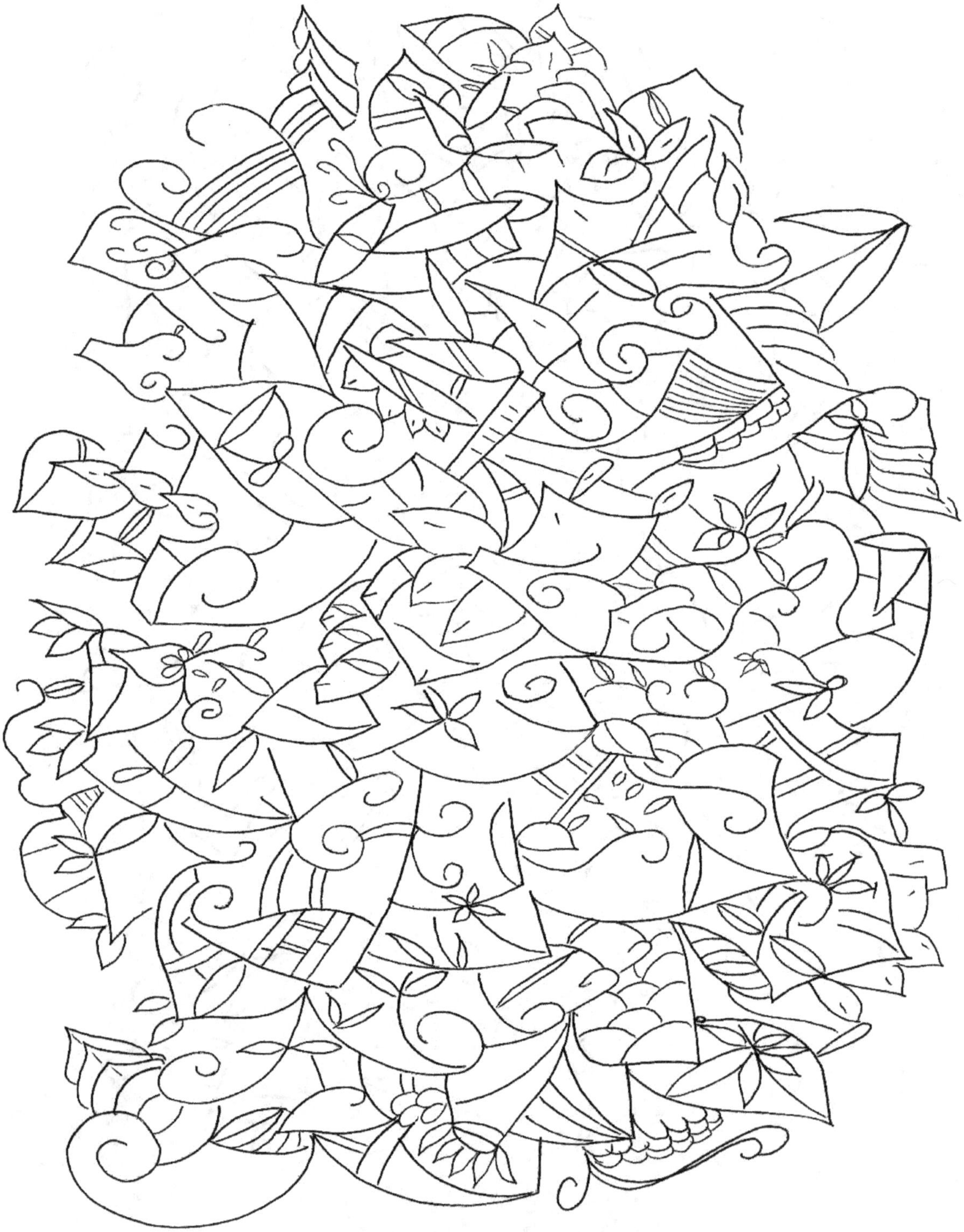

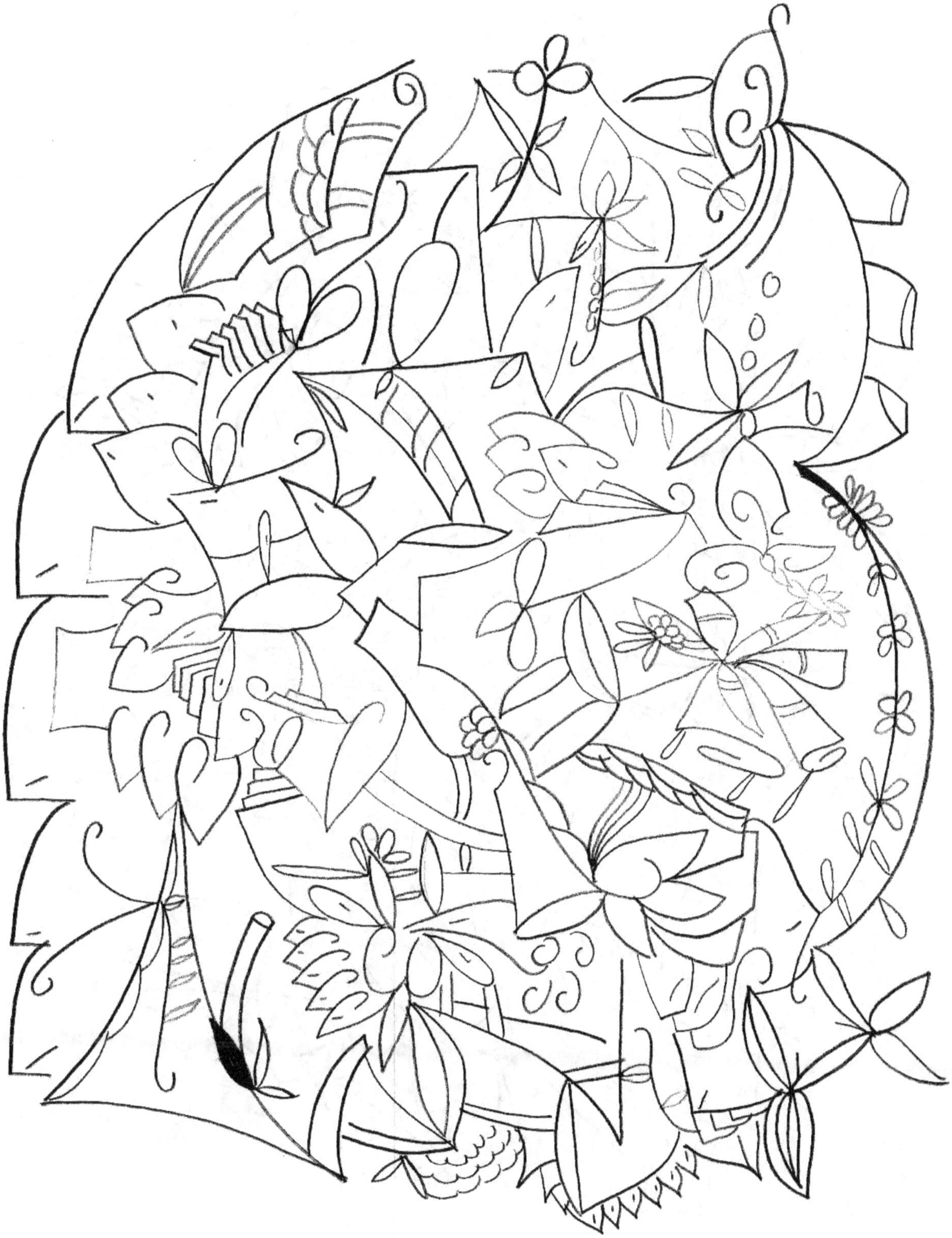

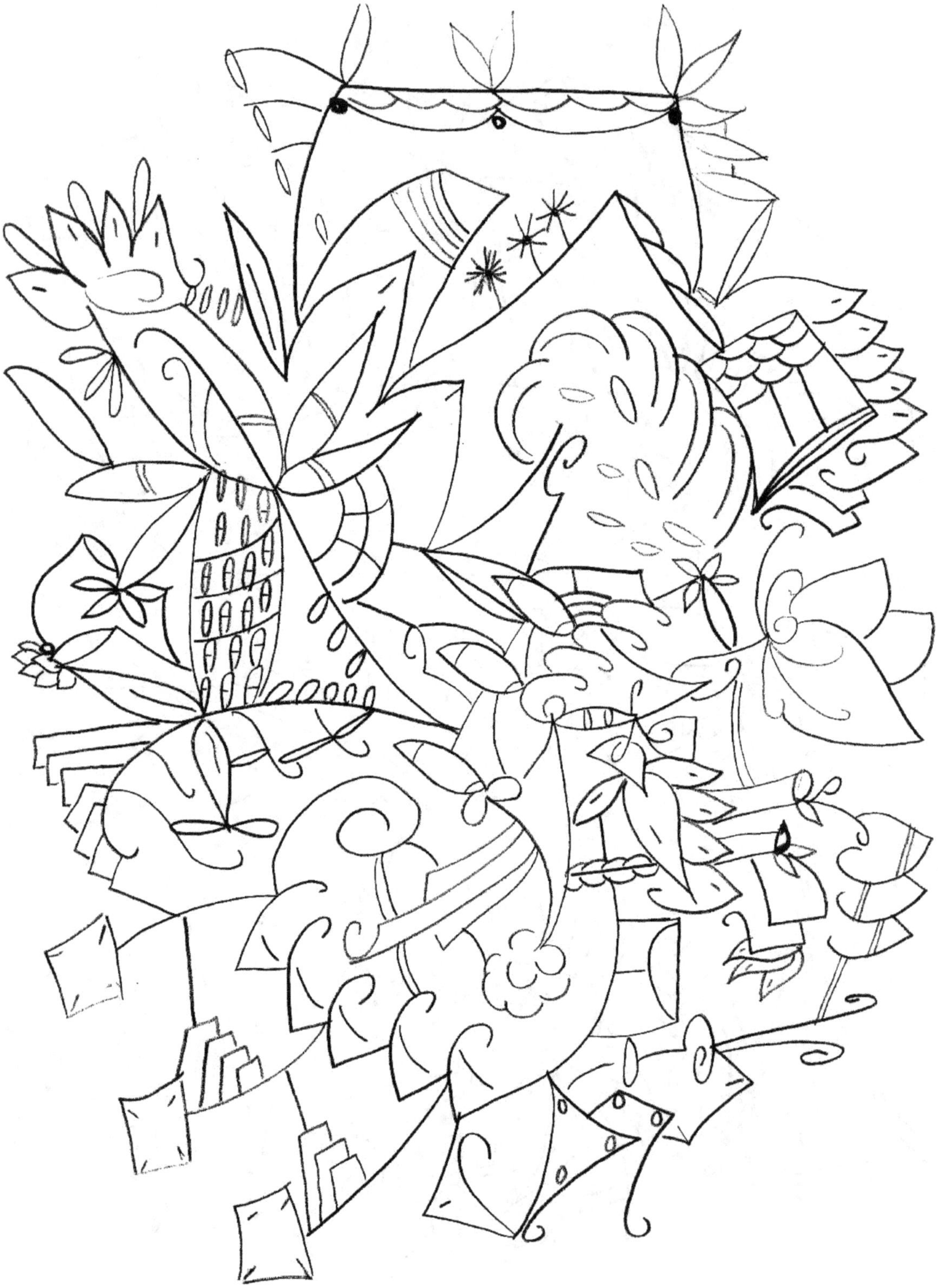

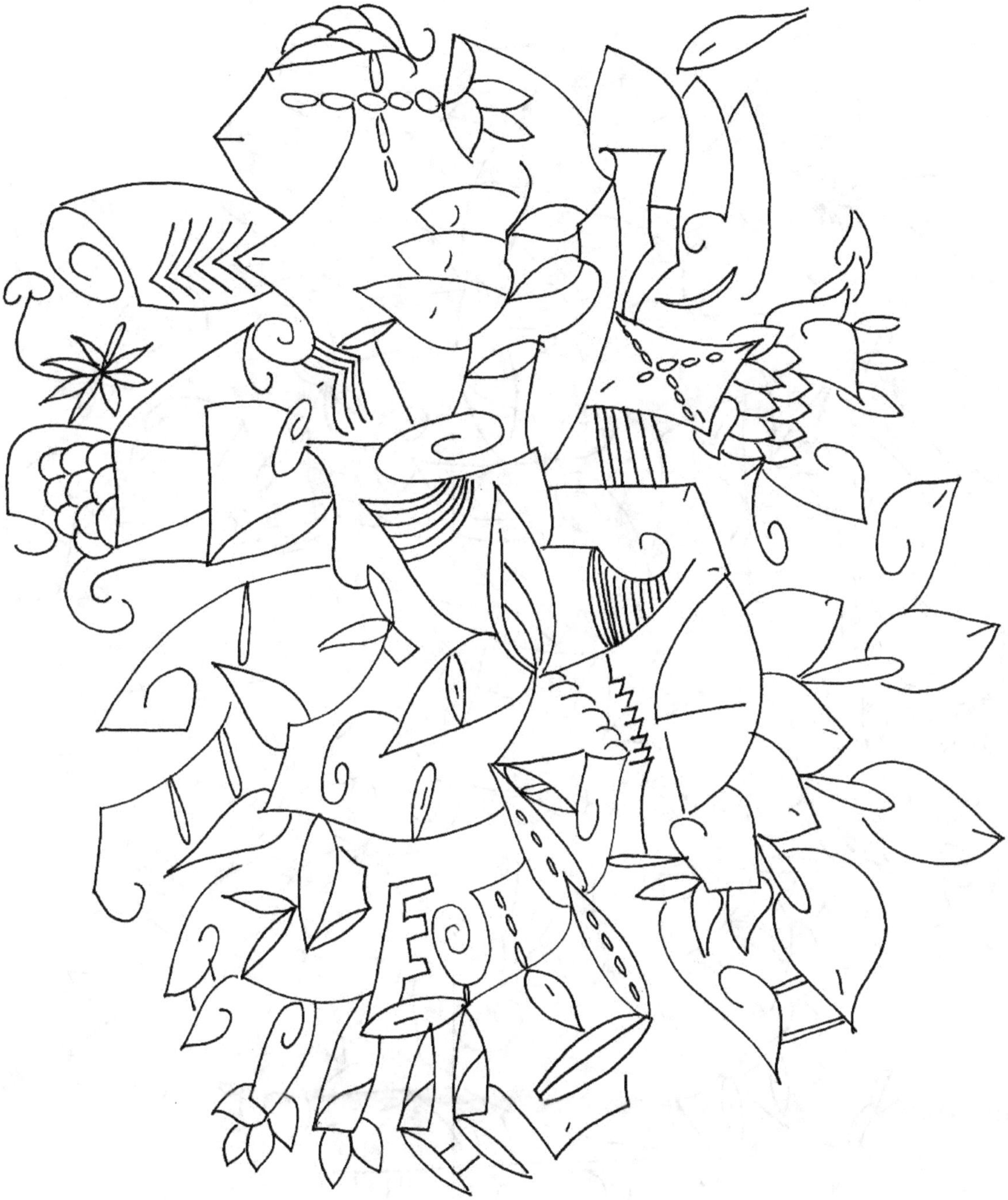
E

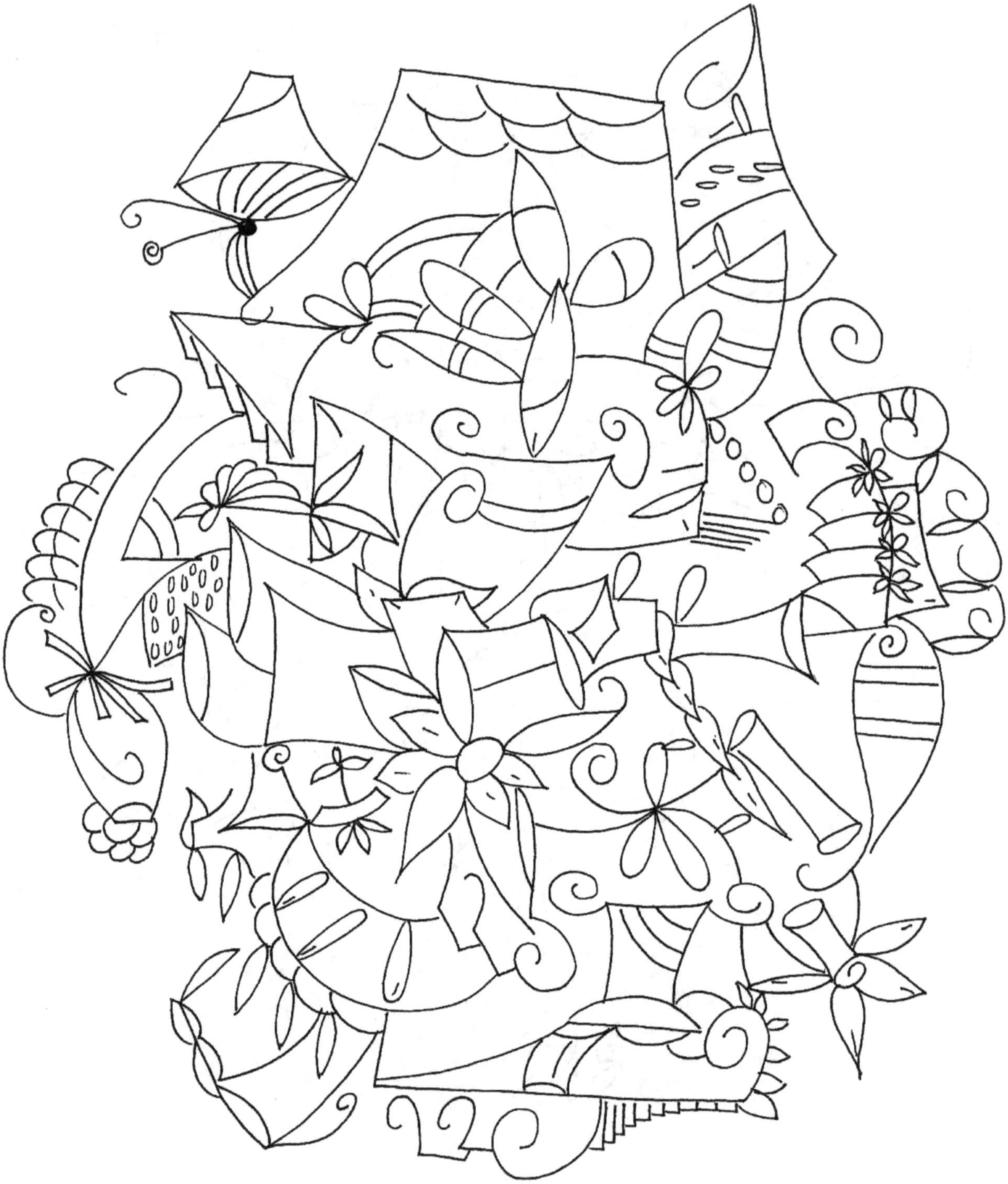

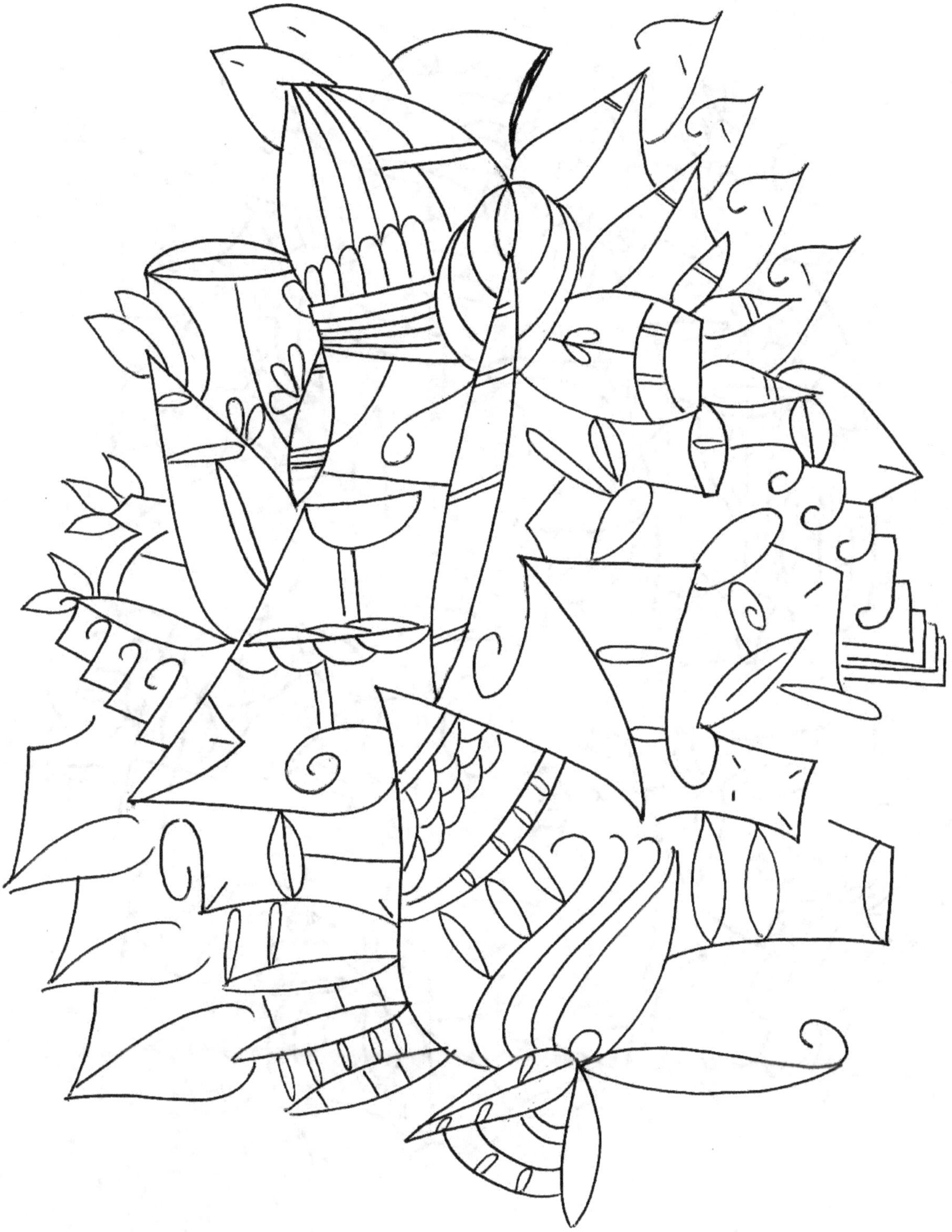

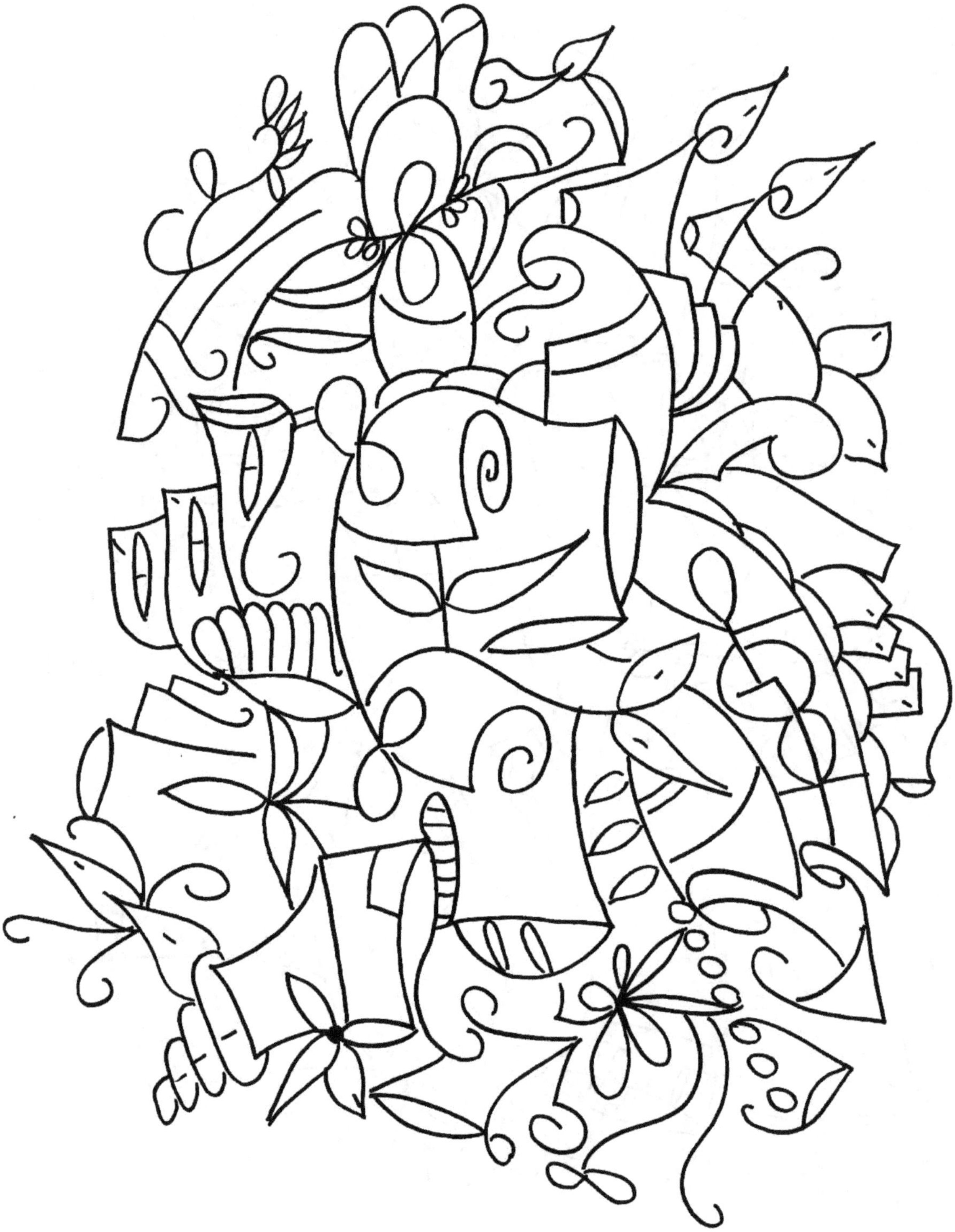

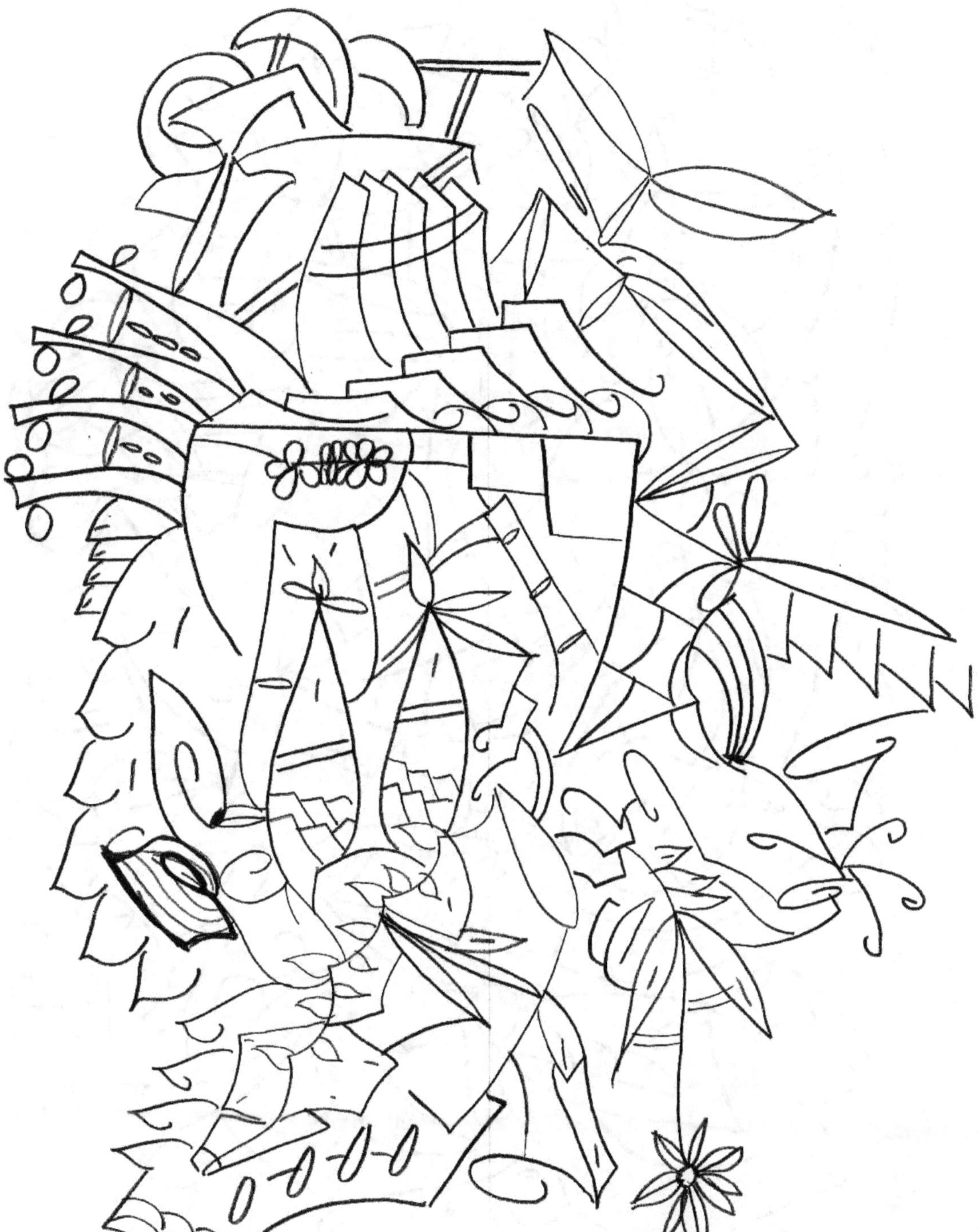

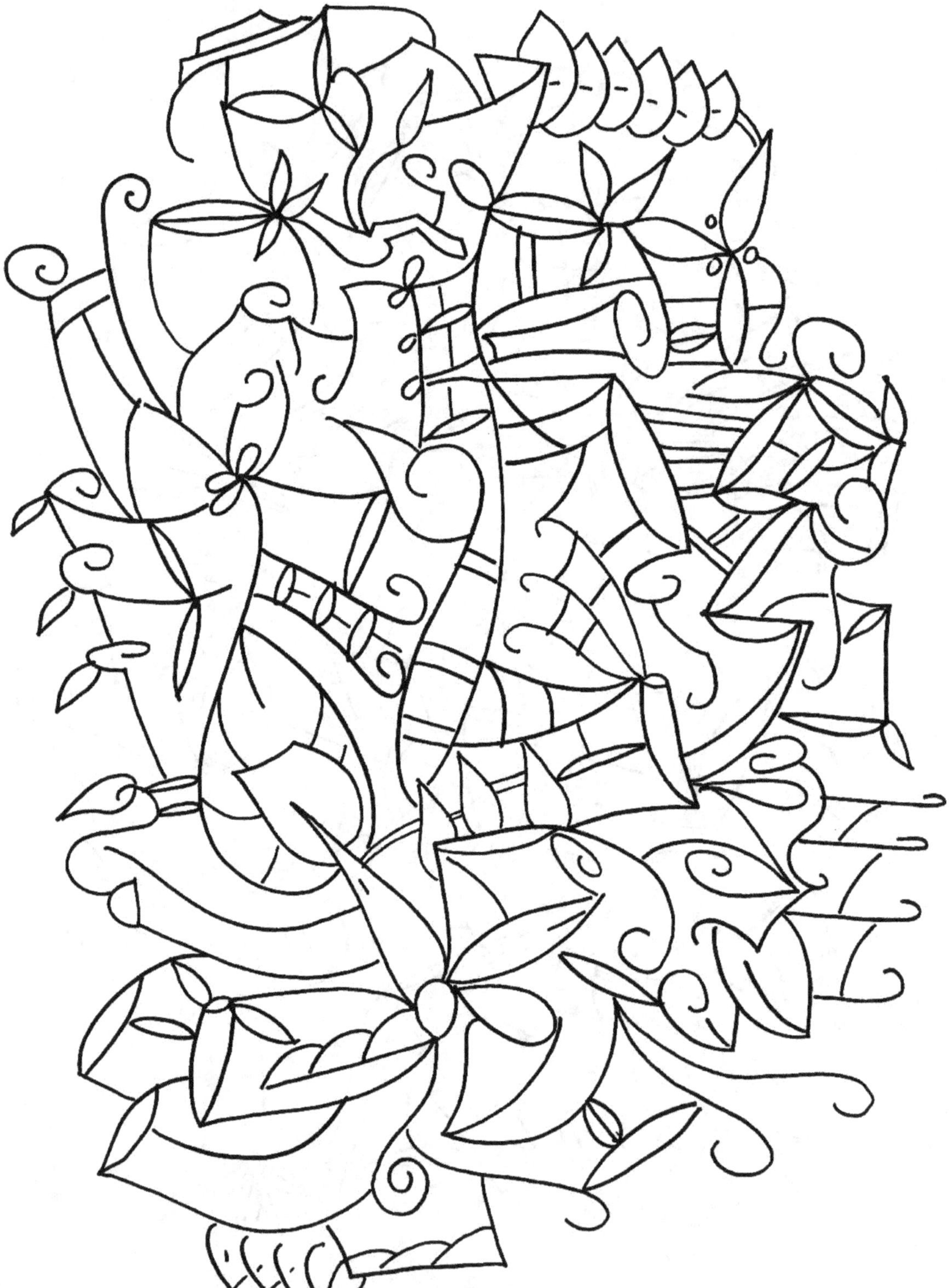

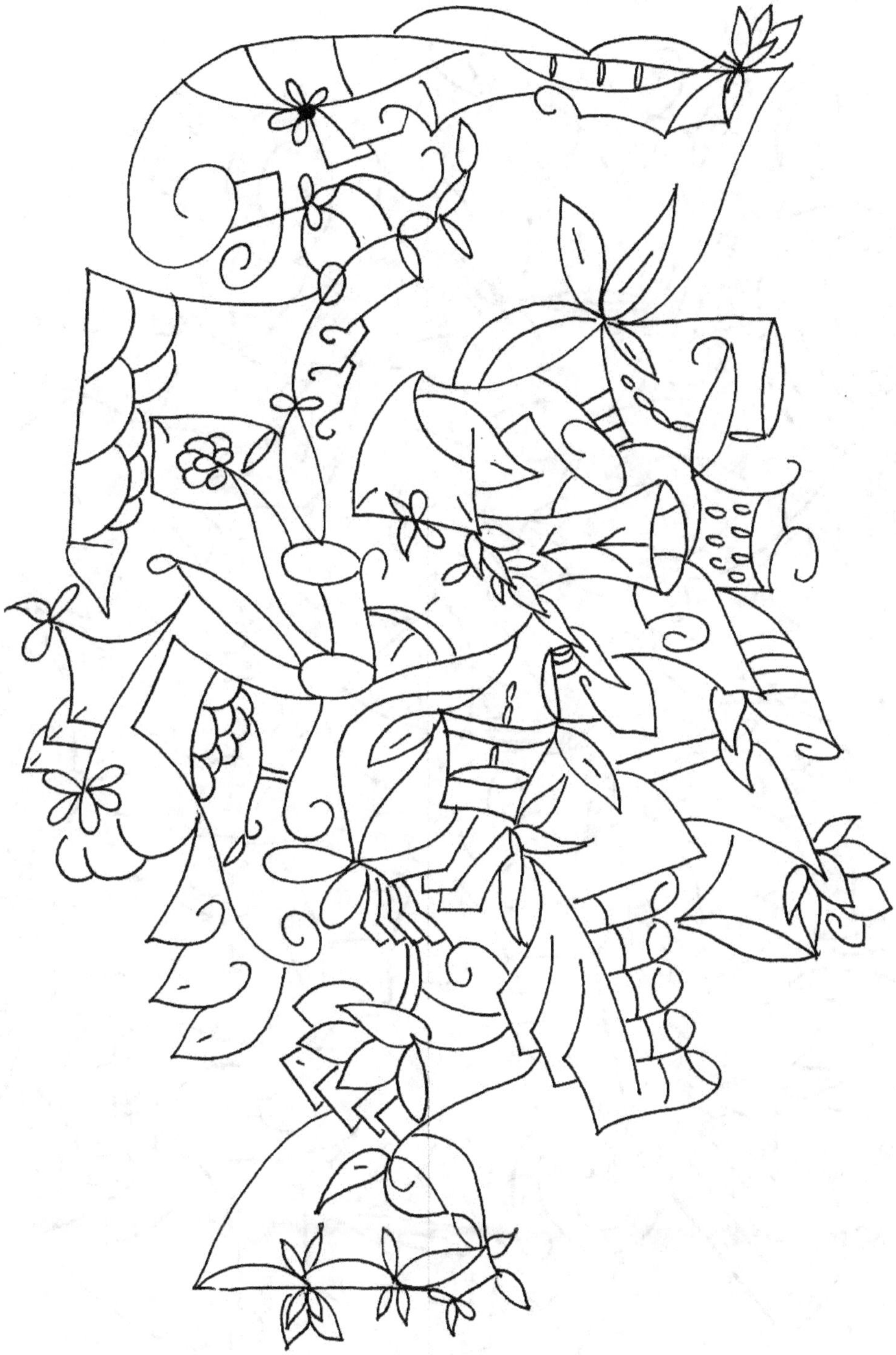

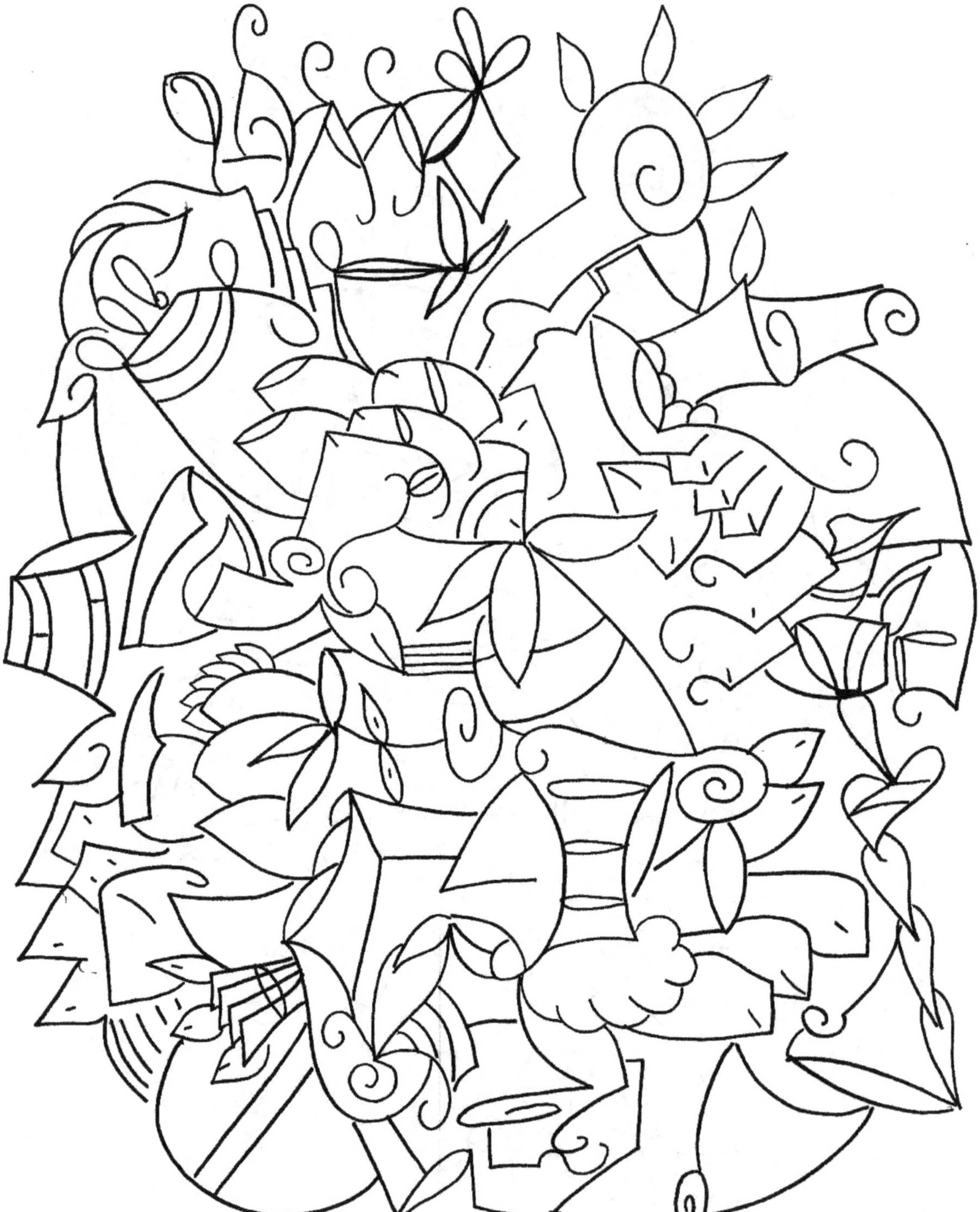

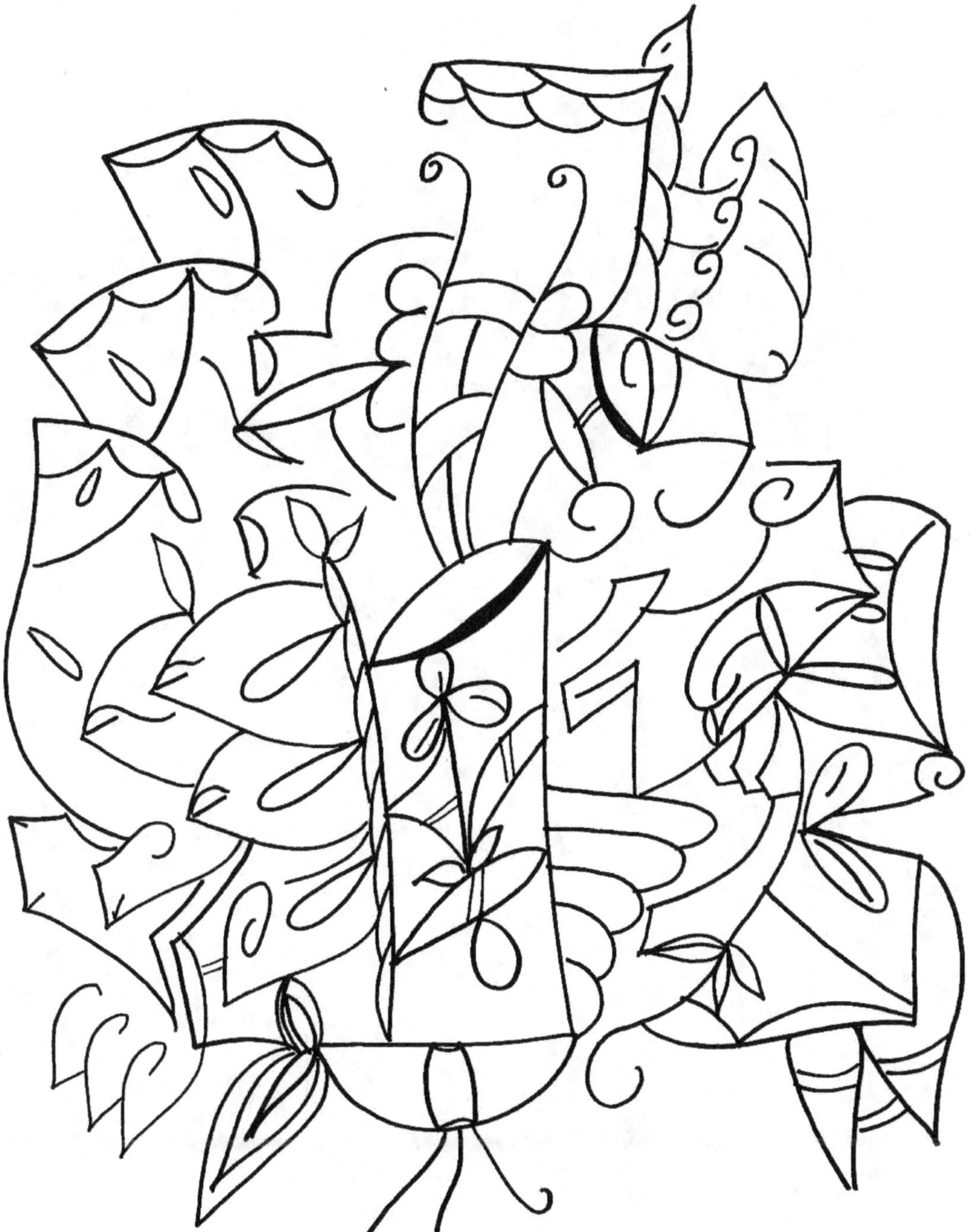

www.ingramcontent.com/pod-product-compliance
Lightning Source LLC
Chambersburg PA
CBHW080818220526
45466CB00011BB/3610
* 9 7 8 1 6 7 1 7 6 8 1 8 5 *